中华农耕文化精粹 农具卷

耒耜之光

唐志强 ◎ 主编

董 蔚 ◎ 著

科学普及出版社
·北京·

图书在版编目（CIP）数据

中华农耕文化精粹. 农具卷：耒耜之光 / 唐志强主编；董蔚著. -- 北京：科学普及出版社，2024.11.
ISBN 978-7-110-10782-9

Ⅰ. F329

中国国家版本馆 CIP 数据核字第 2024FF0986 号

总 策 划	周少敏
策划编辑	李惠兴　郭秋霞
责任编辑	李惠兴　郭秋霞
封面设计	中文天地
正文设计	中文天地
责任校对	吕传新
责任印制	马宇晨

出　　版	科学普及出版社
发　　行	中国科学技术出版社有限公司
地　　址	北京市海淀区中关村南大街 16 号
邮　　编	100081
发行电话	010-62173865
传　　真	010-62173081
网　　址	http://www.cspbooks.com.cn

开　　本	710mm×1000mm　1/16
字　　数	197 千字
印　　张	14.75
版　　次	2024 年 11 月第 1 版
印　　次	2024 年 11 月第 1 次印刷
印　　刷	北京顶佳世纪印刷有限公司
书　　号	ISBN 978-7-110-10782-9 / F・277
定　　价	98.00 元

（凡购买本社图书，如有缺页、倒页、脱页者，本社销售中心负责调换）

丛书编委会

主　编　唐志强

编　委　（以姓氏笔画为序）

于湛瑶　　石　淼　　付　娟　　朱天纵　　李　锢

李建萍　　李琦珂　　吴　蔚　　张　超　　赵雅楠

徐旺生　　陶妍洁　　董　蔚　　韵晓雁

专家组　（以姓氏笔画为序）

卢　勇　　杨利国　　吴　昊　　沈志忠　　胡泽学

倪根金　　徐旺生　　唐志强　　曹幸穗　　曾雄生

樊志民　　穆祥桐

编辑组

周少敏　　赵　晖　　李惠兴　　郭秋霞　　关东东

张晶晶　　汪莉雅　　孙红霞　　崔家岭

总序

中国具有百万年的人类史、一万年的文化史、五千多年的文明史。农耕文化是中华文化的根基，中国先民在万年的农业实践中，面对各地不尽相同的农业资源，积累了丰富的农业生产知识、经验和智慧，创造了蔚为壮观的农耕文化，成为中华文化之母，对中华文明的形成、发展和延续具有至关重要的作用，对世界农业发展做出了不可磨灭的贡献。

"中华农耕文化精粹"丛书以弘扬农耕文化为目标，以历史发展进程为叙事的纵向发展主线，以社会文化内涵为横向延展的辅线，提炼并阐释中华农耕文化的智慧精华，从不同角度全面展现中华农耕文化的璀璨辉煌及其对人类文明进步发挥的重要作用。

这套丛书以磅礴的气势展现了中华农耕博大精深的制度文明、物质文明以及技术文明，以深邃的文化诠释中华农耕文明中蕴含的经济、社会、文化、生态、科技等方面的价值，以图文互证、图文互补的形式，阐释历史事实与学者解读之确谬，具有以下四个突出特点。

一是丛书融汇了多学科最新研究成果。尝试打通考古、文物、文化、历史、艺术、民俗、博物等学科领域界限，以多学科的最新研究成果为基础，从历史、社会、经济、文化、生态等多角度，全面系统展现中华农耕文明。

二是丛书汇聚了大量珍贵的农耕图像。包括岩画、壁画、耕织图、古籍插画以及其他各种载体中反映生产、生活和文化的农耕图像，如此集中、大规模地展示农耕文化图像，在国内外均不多见。以图像还原历史真实，以文字解读图像意涵，为读者打开走进中华农耕文化的新视角。

三是丛书解读的视角独具特色。以生动有趣的故事佐证缜密严谨的史实论证，以科学的思想理念解读多样的技术变迁，以丰厚的文化积淀滋润理性的科普论述，诠释中国成为唯一绵延不绝、生生不息的文明古国的内在根基，力求科学性和趣味性的水乳交融与完美呈现。

四是丛书具有很强的"烟火气"和"带入感"。观察、叙述的视角独特而细腻，铺陈、展示的维度立体而丰富，以丰富的资料诠释中华农耕文化中蕴含的智慧，带领读者感受先民与自然和谐相处的生产生活情态及审美意趣，唤起深藏人们心中的民族自豪感、认同感和文化自信。

"文如看山不喜平"，这套丛书个性彰显，把学术性与通俗性相结合、物质文化与精神意趣相结合、文字论述与图像展示相结合，内容丰富多彩，文字生动有趣，而且各卷既自成一体，又力求风格一致、体例统一，深度和广度兼备，陪伴读者在上下五千年的农耕文化中徜徉，领略中华农耕文化的博大精深，撷取一丛丛闪耀着智慧光芒的农耕精华。

丛书编委会
2024年2月

前言

《论语》曰:"工欲善其事,必先利其器。"在农业生产中,这个"器"就是农业生产工具,即农具。

农具在我国古代农业生产中起到了举足轻重的作用,它的产生、演变清晰地展示了我国农业的发展和变迁。

我国自古以农业立国。在源远流长的农业发展历史中,我国古代劳动人民发明创制了一系列功能多样、形制各异的农业工具,显著推动了我国古代农业生产进步,促进了社会经济发展。

我国古代农具自发明创制以来,就在不断地改进和完善,其制作材料选取、功能形制创制、科学原理运用,无一不蕴藏着中国古代劳动人民的经验与智慧,被称为"民富之具"。作为同时期先进生产力的代表,中国古代农具在世界农业发展史上也产生了非常深远的影响,为人类文明进步做出了重要贡献。

元代《王祯农书》言:"田非器不成""粒食之民,生生永赖。"唐代诗人陆龟蒙在《耒耜经》中写道:"耒耜者,古人之作也。自乃粒以来至于今,生民赖之。有天下国家者,去此无有也!"将农具的重要性提高到关乎国家执政根基的高度。

可以说,离开了中国古代农具,中国古代农业将无从谈起。同时,中国古代农具的起源与演变,也见证了我国农业的发展与变化。

我国古代农具简而不陋、灵便轻巧、一具多用、形制多变,蕴含了先人的智慧,体现了历史的变迁和经济发展,是先人留给我们的宝贵财富。

  根据农业生产的工序，可将农具细分为耕地整地、播种移栽、中耕除草、灌溉、收获、运输、脱粒加工等大类，本书也主要依据这几大类对农具进行叙述，从每一类农具中，选择三到四件具有广泛代表性、耳熟能详的，同时又蕴藏深厚智慧和丰富文化内涵的农具，以图文并茂的方式，深入浅出地介绍这些农具的历史背景、衍变过程、科学原理、使用场景、形制特征等，深入挖掘其背后的文化故事发挥的重要作用、具有的独特价值、对后世的非凡启迪等，带领读者以全新的视角，汲取农具之精髓，领略古人之智慧，感悟中华农耕文明之源远流长。

董 蔚

2024 年 8 月

目 录

第一章 耕地整地类农具

第一节 耒耜
粒食之民，
生生永赖。
003

第二节 锸
举臿为云，
决渠为雨。
011

第三节 犁
怀哉服牛功，
还胜并耕耦。
019

第四节 耙
深耕细耙，
旱涝不怕。
032

第二章 播种移栽类农具

第一节 耧车
日种一顷，
至今三辅尤赖其利。
043

第二节 瓠种
休言瓠落只轮囷，
一窍中藏万粒春。
053

第三节 秧马
农夫骑秧马，
雀跃于泥中。
058

第三章 田间管理类农具

第一节
钱（铲）
欲收禾黍善，
先去蒿莱恶。
067

第二节
锄
谷锄八遍金不换。
076

第三节
耘荡
既胜耙锄，
又代手足。
086

第四章 灌溉类农具

第一节
桔槔
引之则俯，
舍之则仰。
097

第二节
辘轳
缠绠于毂，
引取汲器。
105

第三节
翻车
从今堁首浇田浪，
都自乌犍领上来。
115

第四节
筒车
水激轮转，
众筒兜水。
127

第五章 收获类农具

第一节
铚
小材有大用，
乘时策奇勋。
137

第二节
艾
低控一钩长似月，
轻挥尺刃捷如风。
144

第三节
麦笼、麦钐、麦绰
比之刈获，
功过累倍。
154

第六章 脱粒加工类农具

第一节 连枷
霜天晓起呼邻里，
遍听村村打稻声。
165

第二节 风扇车
因风吃糠粃，
编竹破筠箭。
175

第三节 碓臼
延力借身，
垂以践碓。
184

第四节 旋转石磨
天地如转磨，
屑屑今古人。
193

第七章 小物件，大作用

第一节 牛鼻环
五尺竖子引起棬，
而牛恣所以之。
205

第二节 牛轭与耕盘
既同济世功，
宁辟力田亩。
208

第一章 耕地整地类农具

圣人作耒耜，苍苍民乃粒。

——宋代范仲淹《四民诗其二·农》

耕地整地工具主要用于耕翻土地、破碎土垡、平整田地等作业。这类农具可以疏松土壤，为土壤保墒。

古代耕地整地工具经历了从耒、耜、锤、破土器、犁的演变。新石器时代已开始制作并使用耒、耜。汉代时，畜力犁已成为最重要的耕作农具。魏晋时期，北方已经开始使用犁、耙、耱进行旱地配套耕作，形成以抗旱保墒为中心的犁—耙—耱耕作体系，这是我国土壤耕作史上杰出的创造之一，至今仍被认为是成本最低、最环保的抗旱技术。宋代时，南方形成犁—耙—耖的水田耕作体系。明清以后，水田耕作体系得以深入发展，在很大程度上解决了明清时期人口激增、耕地不足的矛盾，土地利用率达到了传统农业的最高水平。

《孟子·滕文公上》言：『耕者必有一耒一耜。』以耒耜为起源的整地农具，其发明和使用极大地提高了农业生产的效率，推动了农业生产技术的发展，也推动了人类历史的进步。

> 粒食之民，生生永赖。
> 斫（zhuó）木为耜，揉木为耒；
> 耒耜之利，以教天下。
> ——西周《周易》

第一节 耒耜

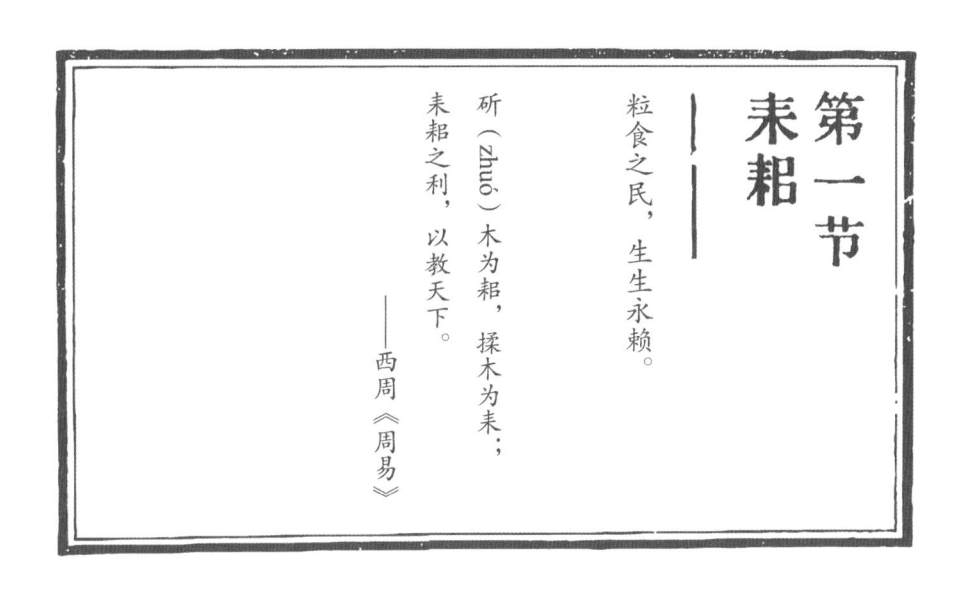

一

耒（lěi）和耜（sì）是中国最早发明的掘土农具。早期的耒为单齿，后逐渐演变为双齿。耜的主体为不开叉的扁平刃。

在中国的古史传说中，神农氏是农耕文明的始祖，他决心改进耕作方式，让部落休养生息、安居乐业。相传神农氏发明并教会人们就地取材，制作工具并用以获取食物，繁衍生息。用火烘烤木棍，使其前端弯曲，并削成尖状，做成耒；后来在耒的前端又加上一块带刃的扁平石块或骨块、木块做成耜。借助耒耜，古人能够轻松地掘翻土块或从土中挖取植物根茎和果实，从而获取食物。元代《王祯农书》记："昔神农作耒耜，以教天下，后世因之。"

春秋时期《管子》说："耕者必有一耒一耜一铫（yáo），若其事立。"是说耕地至少要有耒、耜、铫这三样工具才能完成。东汉《说文解字》说："耒，手耕曲木也。"耒，是用手拿着挖地的弯曲木棍。为便于挖掘，

第一章　耕地整地类农具

庙底沟和殷墟木耒使用痕迹
| 王宪明参考陈文华《试论我国农具史上的几个问题》·绘 |

河南三门峡市陕州区庙底沟、陕西临潼姜寨等新石器时代遗址和河南殷墟商代遗址中，均发现了耒挖土后留下的痕迹。

耒破土的一头通常是尖的。"耜，耒端木也"，耜，是耒端头的木刃。南宋《六书故》记："耜，耒下刺臿（chā）也。"耜是在耒的下部加上扁平的臿头。因而，耒和耜是两种不同的农具，耒先是单独使用，后被用以捆绑固定木刃成为耜，两者通称"耒耜"。

耒出现在先，耜出现在后。耒是一根尖头木棍，耜则是在木棍上又加上了扁平的刃。

耜融入了古人更多的智慧与技巧。耒只需加工一根木棍，耜则在此基础上增加了刃的制作、刃与耒的固定这两个步骤。其中，刃的制作，需要用石斧等将木头砍成扁平状的刃，再用麻绳等连接，确定位置后，在刃上凿出连接孔，耜的制作体现了古人加工技艺的成熟。

耒的下端是尖锥式，为点状破土；耜的下端是扁平状，为线状破土。早期的耒就是一根端头尖、柄部带有曲度的木棍；之后，为了增加破土面积，由单点破土改为双点同时破土，单尖耒又逐渐演变为双尖耒；再往后，逐渐演变为耜的线状破土。因而耜的效能更高。

第一节　耒耜

神农执耒图·东汉武梁祠画像·山东省嘉祥县武宅山出土
| 山东省武氏祠文物保管所·藏 |

甲骨文中的"耒"字（上）
金文中的"耒"字（中）
金文中的"耜"字（下）
| 王宪明参考陈文华《试论我国农具史上的几个问题》·绘 |

　　耒和耜在字形上的截然不同，也从侧面证明它们是两种不同的农具。早期耒为单齿，后逐渐演变为双齿。耜的主体为不开叉的扁平刃。

第一章　耕地整地类农具

二

早期的耒耜都是木质，耜刃部易破损。在今河南三门峡市陕州区庙底沟、陕西临潼姜寨等新石器时代遗址和河南殷墟商代遗址中，均发现了木耒挖土后留下的痕迹。为了提高使用年限、改善挖土功效，经过长期摸索，古人逐渐将刃部由木质改为其他更加结实耐磨的材料，如动物的肩胛骨、蚌壳或石头等，再用麻绳将这些非木质的刃部捆绑在耒的前端。于是，人类最早的由两种材质制作而成的复合农具便诞生了。耒耜的出现，反映了中国古人以自身需求为导向，就地取材，因地制宜，巧妙利用自然的能力和智慧。

木耜·浙江余姚河姆渡遗址出土

| 浙江省博物馆·藏 |

这件木耜距今约7000年，长36.0厘米、刃宽16.5厘米、厚1.5厘米。

木耜·四川成都金沙商代晚期遗址出土

| 四川成都金沙遗址博物馆·藏 |

这件木耜距今约3000年，是目前中国唯一保存较为完整的商周时期木质农具，通长142厘米，形如现代铲子，通体由一块整木制成，因深埋于淤泥中被隔绝空气而得以保存。

第一节 耒耜

以骨、石、蚌壳等材质制作刃部的耜在中国各地遗址均大量出土。目前石耜较多出土于北方，包括河北武安的磁山遗址、河南新郑的裴李岗遗址和辽宁朝阳的牛河梁遗址等较早的新石器时代遗址，其年代最早的距今 8000 年以上。石耜的大量出现，一方面说明北方石材较为丰富，古人皆取材于此；另一方面说明当时北方旱作农业发展已达到一定水平。骨耜则较多出土于南方，包括浙江余姚的河姆渡遗址和桐乡石门镇的罗家角遗址等，其年代距今约 7000 年。骨耜的大量出现，说明当时南方的稻作农业已经较为发达。

骨耜的制作过程蕴含了古人诸多智慧和工艺技巧。以牛肩胛骨为例，需要先在肩部挖凿出一个方形横孔，便于穿过绳子，使之与木棍绑定；再在骨耜中部磨出一道凹槽，来增加木棍和骨耜头的接触面积，以提高耒耜的整体性；之后在槽的两边再开两个竖孔，用绳穿过来绑住木柄的末端，以进一步加强耒耜的牢固程度。

新石器时代骨耜·浙江余姚河姆渡遗址出土
| 浙江省博物馆·藏 |
| 王宪明·绘 |

这件骨耜带有耜柄、耜头、藤条，高 18.4 厘米，刃宽 9.8 厘米。上端柄部厚而窄，截面略成方形，肩白处凿有横穿方銎（qiǒng），横銎外部残留 16 圈藤条及被藤条紧缚的木柄末端；下端刃部薄而宽，可见方向不一的摩擦痕。这是迄今为止中国考古发现的唯一一件保存完整、带有藤条捆绑木柄的史前骨耜，是河姆渡文化时期农业发展水平的缩影。

第一章 耕地整地类农具

新石器时代骨耜和（上）
新石器时代仰韶文化骨耜（下）
|中国农业博物馆·藏|

古人在利用耒耜的过程中还发现，如果在耒的下端、耜的上部位置安装一个横木，再以麻绳将横木、耒和耜固定，既可进一步加强其整体的牢固性，又能利用肌肉发达的腿部力量，以手握竖棍、脚踏横木，全身运力于耒耜之上，则更易于使其尖部或刃部深入土壤，大大提高破土功效。

从各地出土耒耜的不同刃部形态，可以一窥耒耜逐渐演变及发展出其他农具的过程。一类为双齿刃型，这类耒耜器型较长，一般在25厘米以上，适合在松软的土地上起土、移土，适于疏浚河道等用途。以此为方向，耒耜逐渐演变成为"锸（chā）"。另一类为斜刃型，即刃口为斜线，破土时以斜线进入，更为省力，但移土的能力稍弱。以此为方向，耒耜逐渐演变成为"破土器"，后再演变为"犁"。还有一类为平直刃型，即刃部平直，器身较为光滑，器型较短，差不多是双齿刃型耜去掉双尖后的长度。以此为方向，耒耜逐渐演变成为"铲"。

第一节 耒耜

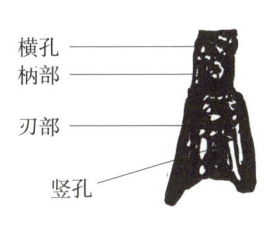

横孔
柄部
刃部
竖孔

骨耜复原及操作示意图
|王宪明参考宋兆麟《我国的原始农具》·绘|

青铜耒·江西新干大洋洲商代墓出土
|江西省博物馆·藏|
|王宪明·绘|

此件青铜耒为椭圆銎扁叉式，带有扁平的叉状两齿，长短宽窄有异，通体素面。

青铜耜·江西新干大洋洲商代墓出土
|江西省博物馆·藏|
|王宪明·绘|

此件青铜耜呈三角銎宽体式，器体呈倒置等腰梯形，为平肩、折角、弧刃[1]。其两面饰有由卷云、双目组成的兽面纹，制作非常精美。青铜在夏商周时期是珍贵的金属，是贵族身份和地位的象征，因而这件具有艺术性的青铜耜很有可能并不是在农业生产中实际使用的农具，而是作为与农业活动相关的礼器存在的，足见当时社会对农业工具的重视程度。

[1] 彭适凡等. 江西新干商墓出土一批青铜生产工具[J]. 农业考古，1991（1）：297-301.

009

第一章 耕地整地类农具

三

作为中国最早发明的掘土工具,以及原始社会中期广泛应用的农具,"耒耜"渐渐成为农具的统称,甚至成为耕作的代名词。唐代陆龟蒙撰写的中国最早的农具专著,就以《耒耜经》为名。元代《王祯农书》记:"佃(tián)作之具虽多,皆以耒耜为始。"明代宋濂《单氏先茔(yíng)碑铭》曰:"单氏世以耒耜书诗为业。"

古诗词中也常出现"耒耜"一词。唐代柳宗元《田家三首》诗云:"札札耒耜声,飞飞来乌鸢。"宋代王安石《和圣俞农具诗十五首其十耒耜》诗云:"耒耜见於易,圣人取风雷。"在现代汉语中,"耒"既是字又是部首。从"耒"的字,基本都与原始农具或耕作有关,如耜、耕、耙、耱、耘、耧等。

耒耜的发明和使用,提高了原始耕作功效,在改善地力、增加作物产量的同时,将种植方式由穴播改为条播,自此有了真正意义上的"耕"和耕播农业。基于耒耜的间断式破土方式,古人进一步改造出能够连续破土的犁和其他耕地整地农具。借此,先民在远古的荒原上,一点点掘出了农耕文化源远流长的脉络。

第二节 锸

> 举臿为云，决渠为雨。
> 禹之王天下也，身执耒臿，以民为先。
> ——战国韩非《韩非子·五蠹（dù）》

一

锸是一种由耒耜演变而来的直插式掘土农具，最早写作"臿"，至迟在商周时期就已经出现。东汉《释名》载："臿，插也，插地起土也，或曰锹，或曰铧，其板曰叶。"《汉书·沟洫志》载："举臿为云，决渠为雨。"锸主要用于整地翻土和河渠建设，使用时将下端的板部（汉代称为"叶"）插入地下。

本书统一写作"锸"。

二

最早的锸为木质。广西贵县西汉墓出土的木牍上记录了随葬的农具清单，其中所记"锸"的偏旁为木，从侧面印证最早的锸应当为就地取材的木质农具。相较于石、骨或金属，木制工具不易保存，幸而在江西

第一章　耕地整地类农具

九江神墩商代遗址中发现了一件较为完整的商代木锸实物，可以一窥古代木锸的形制。

商周时期遗址中出土的青铜锸以及套刃，是农具发展史上的一项重要创造。一方面，青铜作为破土工具，其强度、耐久性远强于木质，但较为昂贵、不易制得且自重过大；另一方面，木材虽取材容易、制作简单、自重较轻，但破土能力有限，且锸头部位较易磨损、不易更换。通过在木锸头下方加金属套刃样这种既简单又实用的方法，将两种材料的优点充分地结合和发挥出来，既能提高锸的破土、挖土和铲土能力，还能降低成本、减轻自重，改善锸的使用耐久性和刃部更换的便利程度，显著增加总体效能，可谓一举多得。由此推断，战国时期大量出土的铁犁铧冠应当是由锸的青铜套刃演变而来。后来人们常说的谚语"钱要花在刀刃上"或出于此。

夏禹持锸治水图·东汉武梁祠画像，山东省嘉祥县武宅山出土

| 山东省武氏祠文物保管所·藏 |

第二节 锸

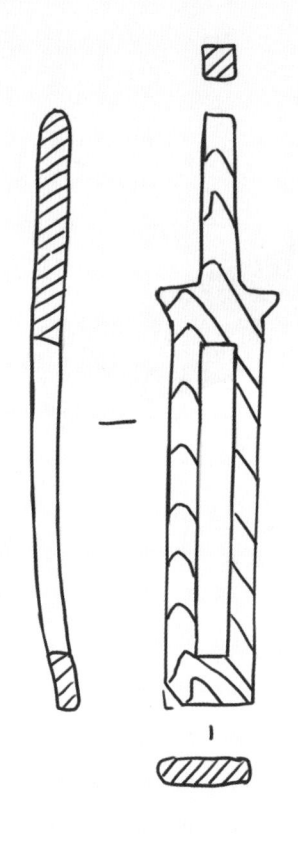

商代木锸复原示意图·江西九江神墩遗址出土

| 王宪明参考江西省文物工作队、九江市博物馆《江西九江神墩遗址发掘简报》·绘 |

此件长88厘米，其木棍为手执部分，下方连接扁"口"形端部，类似于加长、加宽且下端封闭的双齿耒。关于此件为木耜或木锸，学者们意见不一，笔者认为其为木锸。

相较于只能掘土不能翻土的耒，锸能够更深地插入土中，更多地翻出泥土，综合整地功效更高；双齿四面围合起来的中空区域还可用于排水，所以也常用于河渠工程。

"举臿为云，决渠为雨"，就是锸在水利建设中发挥重要作用的证明。

青铜锸套刃·江西新干大洋洲商代墓遗址出土

| 江西省博物馆·藏 |
| 王宪明·绘 |

这是已出土文物中最早的青铜锸套刃，长11.5厘米，为凹字形弧刃，表层饰有精美的卷云纹，有使用和磨损痕迹。其内凹口处有明显凹槽，推测此处可楔入板状锸头并通过中间位置的孔来加以固定。但未见锸套刃上部的柄和应当嵌入套刃的板，可能其柄和板为木质，已腐烂。

013

第一章 耕地整地类农具

铁刃木锸·湖南长沙马王堆西汉墓遗址出土
|湖南省博物院·藏|
|王宪明·绘|

在已出土的众多铁制锸套刃中，此件尤为珍贵。

得益于特殊的保存环境，其出土时仍较为完整，不仅铁套刃牢牢地固定在锸板上，连木质的板和柄都未腐朽。此锸全长139.5厘米，板状部位长46.5厘米，铁质套刃为凹字形弧刃，口宽13.1厘米、高11厘米。

仔细观察还可发现，锸板左侧比右侧凸出一块且稍矮于右侧，应当是专门设计，以便脚踏着力，可谓十分巧妙。

战国至秦汉时期，铁器得到广泛应用，锸套刃的材质也逐渐由青铜过渡到铁，此时期的考古发掘中也多有铁制锸套刃的发现，其形状更加多样，有长方形平刃、凹字形、一字形刃和凹字形弧刃等。其中凹字形刃和板部四面接触，较为牢固，因而使用较多、出土较多；长方形平刃只和板部两面接触，较前者更易脱落，因而使用不多、出土较少。锸在形制上的变化，是中国古人在长期农耕生产实践中的智慧总结。

三

使用锸时，操作者一手握木柄上部，另一手握木柄中部，同时脚踏木板合力将锸插入土中，再用力将柄向后向下扳动，以锸刃部为支点，以木柄为力臂，通过增长力臂来减少用力，能够相对轻松地将土翻起，

第二节 锸

说明当时的先民已能熟练地掌握并运用杠杆原理。

此外，在四川、湖南和河南等地的汉墓中出土了数量较多的持锸俑，也可清晰地见到完整形状的锸。这些持锸俑的大量出现，从侧面说明了锸作为农耕工具，在汉代农业生产中的重要作用。

从形制上看，春秋战国到汉代的锸整体更接近于没有踏脚横木的平直刃耜。有学者认为，此时的锸由耜改造而来[①]。早期耜的刃部较窄，安上木柄后，两边余地不多、难以踏脚，因而需要在木柄下部绑一根供踏脚用的横木。春秋战国后铁器逐步推广，铁耜刃加宽后，以方肩为踏脚之处，踏脚横木取消，耜实际上就变成锸了。此后的文献记载中，臿、耜两字通用也多了起来。如《韩非子·五蠹》说禹"手执耒臿"，《庄子·天下篇》说禹"亲操橐（tuó）耜"，《说文·木部》则说"枱，臿也，从木"。

[①] 王文涛. 汉代的铁锸及其使用状况[J]. 北大史学, 1994（2）: 45-62.

汉代持锸俑
| 中国农业博物馆·藏

第一章　耕地整地类农具

锸的主要功用体现在两个方面：一是翻地起土，即《诗经》中所说的"俶载南亩"；二是兴修水利，即《考工记》中所说的"为沟洫"，典籍也有不少锸用于兴修水利的记载，如《淮南子·精神训》载"今夫繇者，揭钁臿，负笼土"，《王莽传上》载"愿为宗室倡始，父子兄弟负笼荷锸"等。西汉扬雄《扬子·方言》中说：

> 臿，燕之东北朝鲜洌（liè）水之间谓之䇲（càn），宋魏之间谓之铧（huá），或谓之鏏（wéi）。江淮南楚之间谓之臿，沅湘之间谓之畚（běn），赵魏之间谓之臬（qiāo），东齐谓之梩（sì）。

这些不同的称谓，一方面可证明汉代锸的应用十分广泛；另一方面也说明锸从形制上与耜、锹之间应当存在一定程度的相似性。

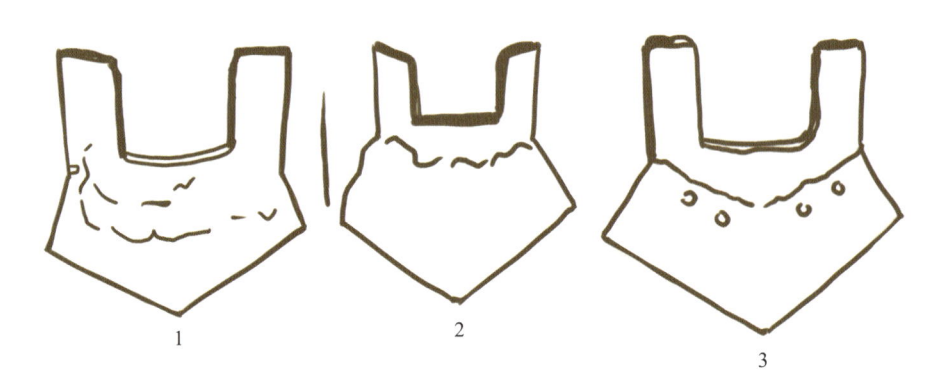

V 形铁锸套刃线描图
| 王宪明参考陈文华《试论我国农具史上的几个问题》·绘 |
　　1. 1973 年江苏金坛出土；2、3. 1975 年浙江长兴出土。

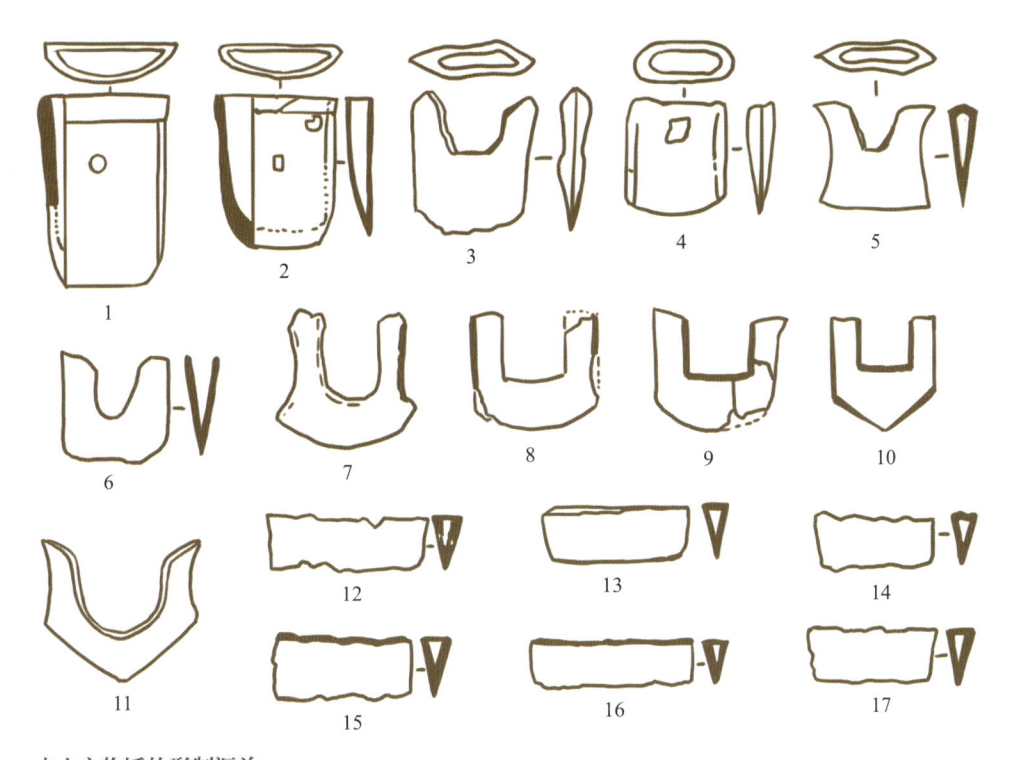

出土文物锸的形制汇总

| 王宪明参考陈文华《试论我国农具史上的几个问题》·绘 |

1、2.湖北盘龙城商代铜锸；3.湖北蕲春毛家咀出土西周铜锸；4.河南三门峡虢国墓西周晚期青铜锸；5.江西奉新县出土西周铜锸；6.江苏六合程桥春秋铜锸；7.长沙识字岭出土春秋晚期铁锸；8.广西平乐银山岭战国铁锸；9.湖北宜昌前坪战国铁锸；10.陕西蓝田出土汉代铁锸；11.江苏丹徒丁岗出土春秋铜锸；12.河南洛阳西郊战国铁锸；13.河南郑州二重冈战国铁锸；14.河南辉县固围村战国铁锸；15、16.河南洛阳中州路汉代铁锸；17.河北定县东汉铁锸。

四

锸在中国古代艺术创作中，作为一种重要的田地挖土和水利建设工具留下了许多富有诗情画意的印记。魏晋名士"竹林七贤"之一的刘伶嗜酒不羁，被罢官后常乘满载美酒的鹿车出游，边走边饮。刘伶让仆人扛着锸跟在身后，说如果他喝酒醉死，就把他埋了。这便是成语

第一章　耕地整地类农具

"鹿车荷锸"的由来，此处的"锸"当为挖土工具。苏轼《九日黄楼作》曰："莫嫌酒薄红粉陋，终胜泥中事锹锸。"生动再现了用锹和锸抢修水利工事的场景。此处"锸"也可作为开沟挖渠等水利建设工具的统称。

北魏贾思勰所著《齐民要术》中没有提到锸，隋唐之后锸也很少出土，但并未绝迹，而是演变为锹和铲沿用至今。从形制上看，西双版纳傣族的铸铲与平口锸十分接近，广西壮族的踏犁也可视为凹字形尖刃锸的变形，而江西奉新农村使用的铁锹，则几乎与古代锸的原始形制一致。

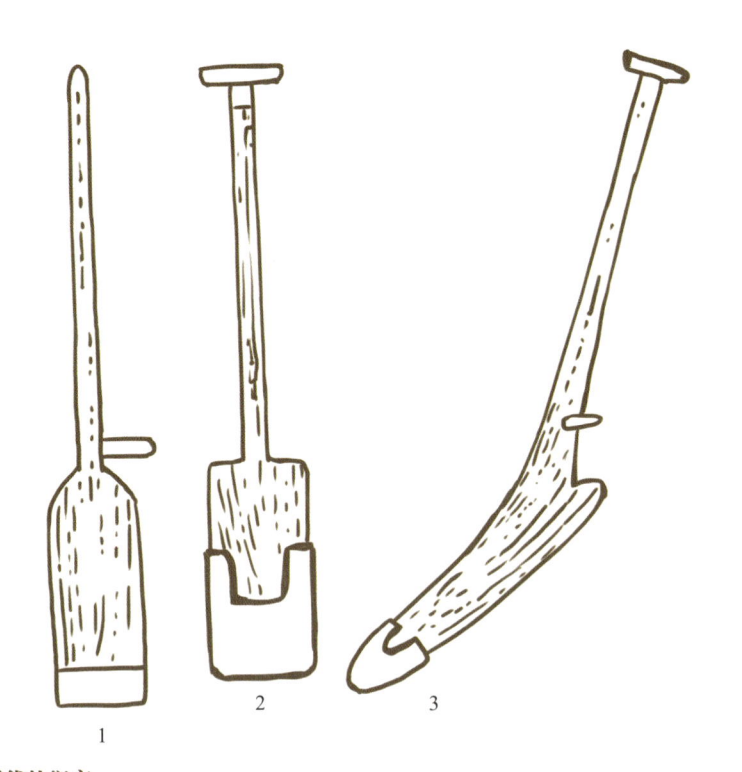

锸在近代的衍变

| 王宪明参考陈文华《试论中国农具史上的几个问题》·绘 |

　1.西双版纳傣族铸铲；2.江西奉新铁锹；3.广西壮族踏犁。

第三节 犁

怀哉服牛功,还胜并耕耦。

架犁架犁唤春农,布谷布谷督岁功。

——宋代陆游《农事稍间有作》

一

犁由耒耜演变而来,最早出现在原始社会末期,是古代农耕生产中最重要的耕地整地农具。

早期的犁为石制,其犁铧(安装在犁前端用来破土的部分)在长江下游的太湖流域、黄河流域的中下游及内蒙古赤峰西三河流域等地区的新石器时代遗址中均有发现。尽管翻土功能较弱、犁架结构尚不清楚,且未能大范围使用,但石犁已具备了动力牵引和连续水平破土等功能,与更早的耒耜、锸相比,其耕地整地功效高,制作复杂,可以算是最早的农机具,在农具历史上有着举足

石犁铧·浙江新石器时代良渚文化遗址出土

|良渚博物院·藏|

019

第一章 耕地整地类农具

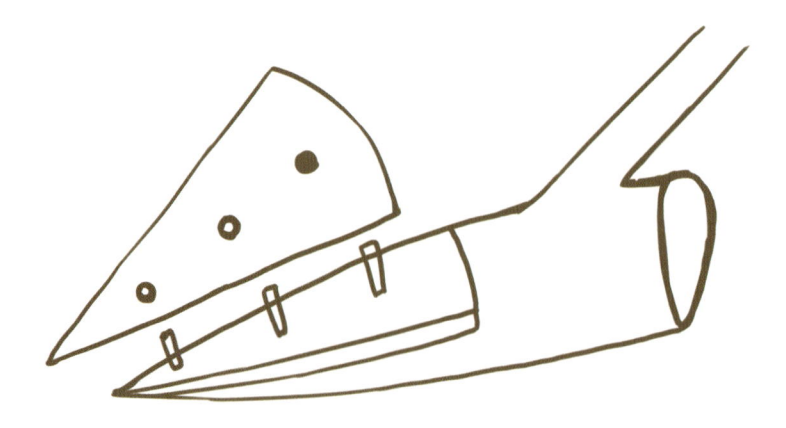

石犁安装示意图
王宪明参考钱小康《犁》·绘

轻重的地位。

石犁铧从器型上可大致分为舌形、双刃三角形和单刃三角形三类，部分有一个或数个贯穿石孔用来与犁底固定。观察这些石犁铧多为扁平、有孔，其前端的摩擦痕迹是直的，两侧又有磨划的斜线痕迹，可知其使用方式应当是刃部在向前牵引力的作用下斜插入土。

犁的出现，标志着农业已经由耜耕阶段发展到了犁耕阶段。

二

在江西新干大洋洲商代墓遗址中出土了青铜犁，说明至迟到商代，青铜犁就已经出现。在形制方面，青铜犁与早期的石犁不同，与后代的铁犁更相似。因青铜比石头的强度高、自重大，故耕地翻土的功效也更强。由于青铜在商代属贵重材料，可推测青铜犁在当时并没有得到大范围的推广和使用。但是作为金属犁的出现，标志农业生产力已达到一个新的高度。

第三节 犁

伴随冶铁业的发展和铸造技术的进步，春秋战国时期出现了铁犁。与此同时，奴隶制彻底崩溃，牛从牺牲①中解脱出来，开始逐渐成为耕田的动力。铁犁与牛耕结合，使中国传统农业发生了根本性的变革。

相较于青铜犁铧，铁犁铧的成本更低，更耐用，也更加锋利。在河南、河北等地都有战国铁犁铧冠出土，河北兴隆还出土了战国铁犁铸范，河南辉县和河北易县燕下都遗址中出土了战国时期的铁犁铧，表明当时这些地区已经大规模生产和使用铁犁。秦统一中国以后，铁犁随着中原的其他铁器一起流传到了整个黄河流域及川北地区。在考古发掘中，除了中原腹地，西北、东北等地区的汉代遗址也出土了不少铁犁。

铁犁在使用时，铧冠套在犁铧前面，以便磨损后及时更换。这件V形铧冠，宽度在20厘米以上，由此可知铁犁铧比商周时期青铜犁铧的体形要大得多，故耕田翻土更深、生产功效也更高。

二牛牵引直辕犁·汉代画像石拓片（局部），江苏睢宁汉墓出土

---

① 古代指为祭祀而宰杀的牲畜。

第一章 耕地整地类农具

牛耕图·汉代画像石（局部），陕西米脂汉墓出土

|西安碑林博物馆·藏|

图中的犁为二牛抬杠单直辕犁。画面中可见二牛并列，用一根绳子牵连，两牛颈部横搭一直木，蹄步蹒跚，曳引犁具。其后的耕者，双手扶犁，腰微弯，低头缓步。这种牛耕法被称作"二牛抬杠"式，也被称为"耦犁"，今天中国有些地方的农村还在使用。

可以说，铁犁的广泛使用，是汉代农业生产力大幅提升的一个重要技术保障。其形制多样，尺寸不一。长宽从一掌（即20厘米左右）到半米都有，可以更好地适应不同耕作条件的需要。当然，体积较大的铁犁铧需要借助畜力才能拉动，更适用于翻土起垄。体积较小的则更适于破土划沟。从出土汉代画像砖石中犁的形象看，这一时期的犁已具备犁辕（牵引结构）、犁箭（耕深调节结构）、犁床（铧体安装结构）、犁梢（操纵结构）等部件，主要为长床犁，可在一定范围内摆动和快速耕作；多为长直辕犁，便于长线作业，不便于回头和转弯；犁辕前端以横木架在牛颈上，容易脱落且不便制衡；犁梢与犁床没有分开，灵活性欠佳；犁架较为简单，尚未应用可调整犁箭长度的犁评等。

西汉中期发明了犁壁，又名犁镜、鐴（bi）。犁壁是翻土碎土的重要装置，它的创制是犁耕史上又一重大成就。犁壁发明前，犁只能破土开沟、不能翻土覆压。犁壁一般表面光滑，安装在犁铧上方，并向一侧倾斜。这样由犁铧和犁壁形成的连续弯曲面能将耕起的土垡破碎并翻转过去，可实现开沟、翻土、作垄、灭茬等功能。汉代铁犁壁主要发现于陕西、河南、山东等地，其形制上有菱形、板瓦形、方形或马鞍形，前三

第三节 犁

西汉铁犁铧、铁犁壁·陕西咸阳窑店西汉墓出土

| 中国国家博物馆·藏 |
| 王宪明·绘 |

此件犁铧呈等腰三角形,前端为锋,呈镜角,两边为刃,后有銎。

犁壁呈鞍形,下部前端有一突尖,可插入铧面小孔中。

种主要用于单面翻土,马鞍形则可用于两侧翻土[①]。

汉代犁的性能日益完善,在出土的实物中,既有轻巧灵便、适于耕垦熟地的小型犁铧,也有锐利厚重、适于开辟荒地的大型犁铧,还有用于开沟做渠的特大型犁铧。至此,犁逐渐成为最重要的整地工具。

汉代另一重大成就,是赵过对耦犁的推广。东汉班固《汉书·食货志》载:

> 用耦犁,二牛三人,一岁之收常过田亩一斛以上,善者倍之……

即二牛拉犁三人操作,一人在前面牵绳,一人在后面扶犁,一人在中间压辕。这种操作方法大大提高了耕地功效和单位面积产量,在中国部分地区一直沿用至今。

东汉末年至魏晋南北朝时期,耕犁的总体形制基本上没有大的变化,只在犁铧的大小、铧冠的长短等方面有了一些多样性。这一时期的

---

① 刘兴林. 汉代铁犁安装和使用中的相关问题[J]. 考古与文物,2010(04):61-64.

第一章　耕地整地类农具

耕犁还主要是长直辕犁，虽然在开阔平原地区使用方便，但存在较为明显的缺点。如起土较为费力，且在丘陵、山地等地形使用时多有不便。贾思勰《齐民要术》中明确指出：

> 长辕耕平地尚可，于山涧之间则不任用，且回转至难，费力，未若齐人蔚犁之柔便也。

"齐"即今之山东，说明至迟在北魏末年，这一地区已出现适合在山涧之间使用的犁——蔚犁。相较"回转至难"的长直犁，蔚犁应是一种操作灵活轻便的短辕犁。也正是在这一时期，北方逐渐形成了以"耕—耙—耱"为中心，以抗旱保墒为目的的旱地耕作技术体系，北方旱地精耕细作的农业生产技术体系日益完善。

耕种图·魏晋壁画，甘肃嘉峪关新城魏晋壁画墓 1 号墓出土
|甘肃省嘉峪关新城魏晋壁画墓博物馆·藏|
|图片出处：徐光冀主编《中国壁画出土全集（甘肃宁夏新疆卷）》|

此砖长35厘米，宽17厘米，厚5厘米。画面分上下两层，上层左起绘二牛驾犁，一男子扶犁，中间一女子播撒种子，后有二牛拉耱，一男子脚踩耱，手拉缰。下层画面同上，右上角榜题朱书"耕种"。反映了整地、播种、耱地的过程。

此画像砖中的犁为二牛抬杠单辕犁，犁铧外部扁平，犁箭中央有一横木，属于早期的犁铧种类。

第三节 犁

西汉牛拉木犁·甘肃武威市磨嘴子汉墓出土

|甘肃省博物馆·藏|

此件为明器。

牛通体为黑彩，以白彩勾绘眼及络头，双角弯扬，硕颈曲背，四足蹬地，后拉一直臂长辕犁。由犁铧、辕、箭、梢、床五部分组成，辕较长，铧头宽大，以墨绘之。

犁地图·魏晋壁画，甘肃嘉峪关新城魏晋壁画墓6号墓出土

|甘肃省嘉峪关新城魏晋壁画墓博物馆·藏|
|图片出处：徐光冀主编《中国壁画出土全集（甘肃宁夏新疆卷）》|

画像砖中的犁均为一牛挽拉的单套犁，犁铧前端为锐角三角形，并套有铧冠，功效、耐用程度大大提高。

025

第一章 耕地整地类农具

唐代，耕犁的形制又迎来了一次重大突破——曲辕犁的出现。曲辕犁，又称"江东犁"，它的创制，是中国犁耕史上一个重要的里程碑，标志着中国犁耕发展进入了成熟阶段。曲辕犁与直辕犁在形制上明显不同。按照记载，当时的曲辕犁已经是由犁镵、犁盘、犁壁等11个部件组成的复杂农具。辕变得短且弯曲，辕前端增加了可自由转动的犁盘使曲辕犁变得更加小巧灵活高效。其中，犁镵（chǎn）、犁壁为铁制，犁底、压镵、策额、犁箭等部件均为木制。耕犁的发展到此已相当完善。此后，曲辕犁就成了中国耕犁的主流犁型。

并且，相较于直辕犁，曲辕犁通过弯曲的犁辕缩短了回转半径，借助犁盘可自由转动和改变方向，更适合在江南面积狭小的水田中使用；又加

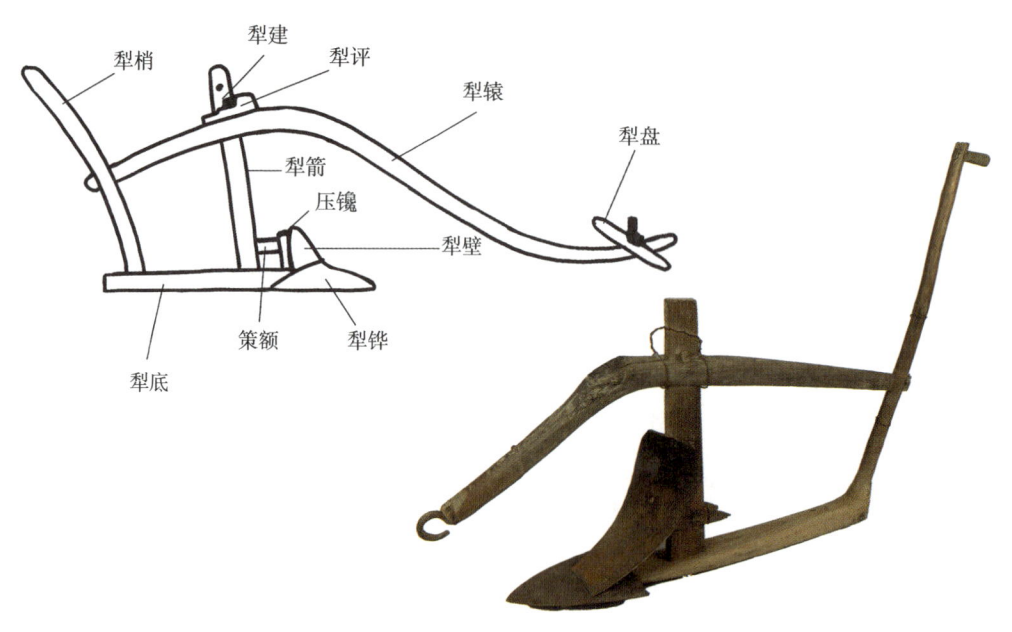

曲辕犁及其结构示意图

中国农业博物馆·藏

陆龟蒙《耒耜经》详细记载了曲辕犁的构造：耒耜，农书之言也。民之习，通谓之"犁"。冶金而为之者，曰"犁镵"，曰"犁壁"。斫木而为之者，曰"犁底"，曰"压镵"，曰"策额"，曰"犁箭"，曰"犁辕"，曰"犁梢"，曰"犁评"，曰"犁建"，曰"犁盘"。

设了犁评，通过调节犁箭、改变牵引点高度来控制犁地的深浅；通过犁壁与犁铧的有机结合，便于碎土、形成窑垡，精耕细作的水平进一步提高。

宋元时期，主要在唐代曲辕犁基础上有了一些改进和完善：犁辕进一步缩短、弯曲，策额、压镵等部件被去掉，犁身结构更加轻巧，便于使用；普遍采用牛轭和耕盘，将犁身与服牛工具分开；同时中原地区开始广泛使用牛耕绳套和挂钩。绳套是把"一条杠"（即横木）分解为两条绳索（即"耕索"），利用绳套服牛。这样，犁身便可大大缩短，回转更加方便，同时，也使牛耕的牵引力加大。而在耕盘与犁之间加一副 S 形挂钩，可使操作更加灵活。如此一来，牛耕不但可用于水田、平地，也可用于丘陵山区。正如《王祯农书》载：

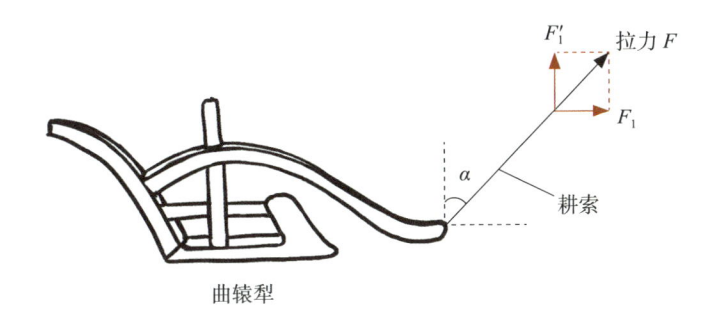

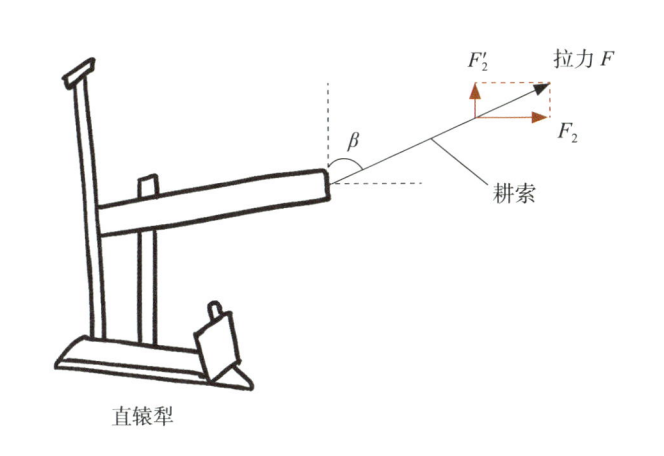

曲辕犁

直辕犁

曲辕犁与直辕犁动力学比较

| 王宪明参考胡泽学《中国传统农具》·绘 |

α 和 β 分别为拉力 F 与曲辕犁和直辕犁在竖直方向的夹角，可知 $\alpha < \beta$，所以竖向分力 $F'_1 > F'_2$，因此曲辕犁的破土功效高于直辕犁。

并且，相较于直辕犁，曲辕犁通过弯曲的犁辕缩短了回转半径，借助犁盘可自由转动和改变方向，更适合在江南面积狭小的水田中使用；又加设了犁评，通过调节犁箭、改变牵引点高度来控制犁地的深浅；通过犁壁与犁铧的有机结合，便于碎土、形成窑垡，精耕细作的水平进一步提高。

宋辽青铜犁铧
|中国农业博物馆·藏|

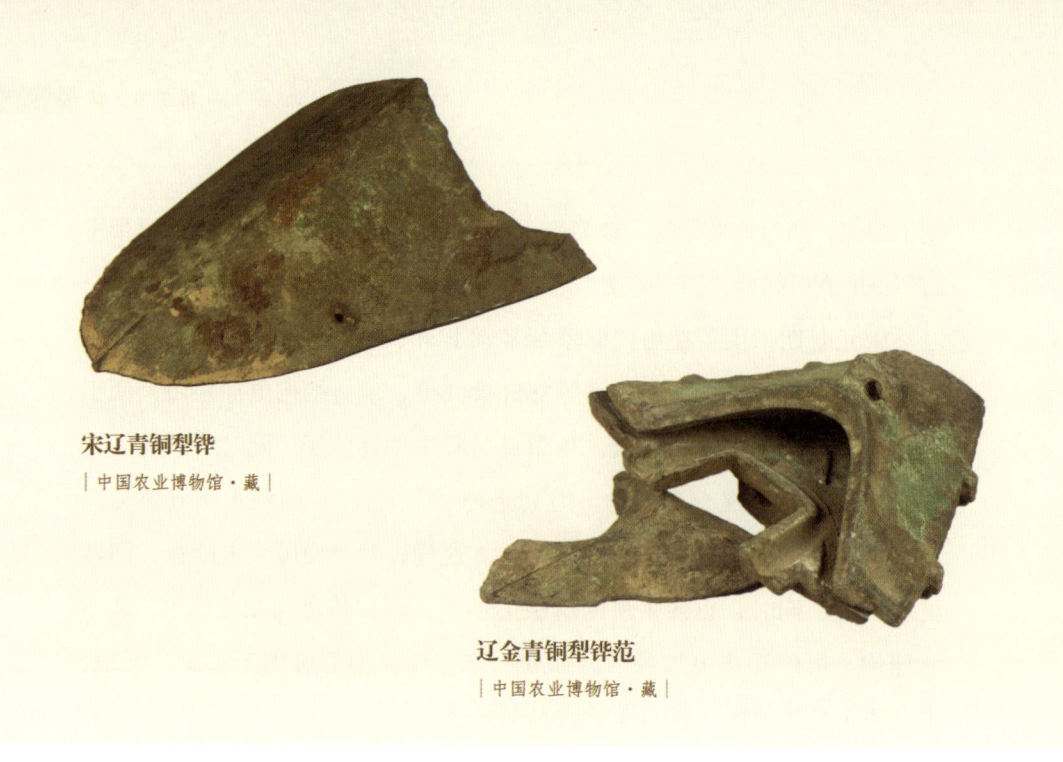

辽金青铜犁铧范
|中国农业博物馆·藏|

南方水田泥耕，其田高下阔狭不等，一犁用一牛挽之，作止回旋，惟人所便。

只用一头牛一架犁，就可以在各类田中轻松犁地，回转自如，功效甚高。

到明清时期，犁的形制没有太大变化。只是到了清代晚期，由于冶铁业的进一步发展，人们将犁辕也改为铁制，使犁更加坚固耐用。可以说，在中国古代农具史上，贡献最大的就是铁犁和牛耕的发明。二者结合，实现了中国农耕技术的一次重要飞跃，标志着人类社会的生产力水平进入了崭新阶段。

三

伴随铁犁牛耕的广泛使用，犁逐渐成为农事活动的代称。南宋陆游《农事稍间有作》中，以"架犁架犁唤春农，布谷布谷督岁功"，描绘春

耕田·清代
《台湾风俗图》
|董蔚·拍摄|

耕即将开启、布谷鸟儿促耕的景象。犁也广泛存在于农谚中，如以"稻田里拉犁耙——拖泥带水"形容人性格拖拉；以"好马不停蹄，好牛不停犁"鼓励年轻人撸起袖子加油干。看来，犁与人的关系，确实是"年画上的春牛——犁（离）不得"。

放眼过去，在整个农业文明发展历史中，中国犁的发展水平一直处于世界农业技术发展的前列。欧洲直到11世纪才有关于犁壁的记载，比中国要晚近千年。在很长一段时间里，欧洲一直都只知道使用木质犁壁，壁与铧结合不紧则拖动费力。中国耕犁在17世纪传入荷兰以后，诱发了作为欧洲工业革命先导的欧洲农业革命。恩格斯说过："有耕犁以后，大规模耕种土地，即田间耕作，从而使食物在当时条件下无限制地增加，便有了可能。"曲面铁制犁壁约在18世纪传入欧洲，对欧洲犁的改进和耕作制度变革发挥了重大作用。

在近代工业的推动下，各种依靠机械力的犁具纷纷出现，畜力牵引的犁渐渐被机械农具所取代，但在一些不便机械耕作的丘陵和山区，铁犁牛耕至今仍在发挥作用。

耕·古今图书集成图纂，内府全图，农事卷，清刊本，黑白版

耕

第四节 耙

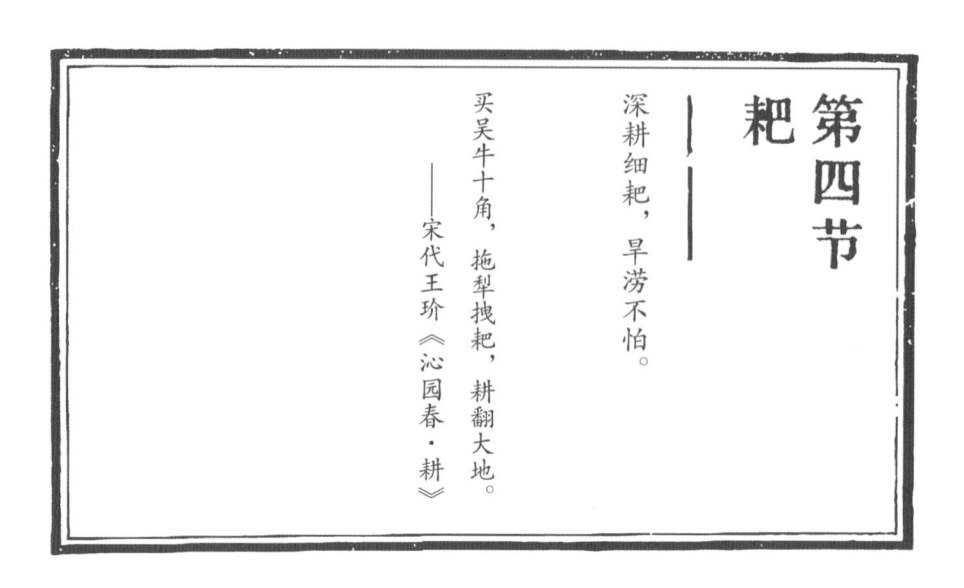

> 深耕细耙,旱涝不怕。
>
> 买吴牛十角,拖犁拽耙,耕翻大地。
>
> ——宋代王玠《沁园春·耕》

一

"耕而后有耙",是农业生产技术的一项重要发展。耙(bà)是一种耕地后破碎土块、熟化土壤并去除杂草的整地农具。"耙"作为汉字出现的历史并不长,但作为农具,在魏晋时期就已较为广泛地应用,最早被称为"鑈(bà)。"

根据东汉许慎《说文解字》记载:"鑈,相属,从金罢声。"即鑈是一种和耡有关的农具。在古代文献中,"鑈"也经常写作"耙"。南宋《六书故》对"鑈"的解释为:"卧两莉(tīng),着齿其下,人立其上,而牛挽之,以摩田也。"莉和耡同义,即莉是两个耡卧在一起,下方设有齿,人站在鑈上面,用牛拉鑈来耙田。

从这些文字描述中可以想象,耙是一种大型的、可由畜力牵引的平整土地的农具。耙的出现,是北方地区初步建立起抗旱保墒的精耕细作技术体系的标志之一。

第四节 耙

二

西汉以前，古代先民主要用耰（yōu）（类似今天的榔头，一头平整、另一头为斧状）和铁耙（类似今天的锄头，破土部分多为3～5齿，由铁钁（jué）演变而来）打碎土块、平整土地。只能单次发力，不能连续工作，功效较低。

伴随汉代铁犁牛耕的广泛应用，犁地面积大幅增加，仅仅依靠耰和铁耙这种间断发力的单点或多点式土地平整工具已经不能满足生产需要。智慧的先民在耰和铁耙的基础上，又创造了整地的大型农具——耙，将土地平整的方式升级到了连续发力的线面式。

从形制上讲，耙可分为方形耙和人字形耙（又称V形耙）。《王祯农书》载：

> （方）耙桯（tīng）长可五尺[①]，阔约四寸，两桯相离五寸许。其桯上相间，各凿方窍，以纳木齿。齿长六寸许。其桯两端木栝（kuò）长可三尺，前梢微昂，穿两木樝（jū），以系牛挽钩索。

西汉铁耙·福建崇安汉代遗址出土
| 中国国家博物馆·藏 |
| 王宪明·绘 |

福建崇安地处西汉时期水路交通的要冲，是闽越族的重要聚居地。除此件五齿铁耙外，该遗址还出土了铁锸、铁镰等农具，证明西汉时期的铁质农具已推广到边远地区。

---

① 根据邱隆《中国历代度量衡单位量值表及说明》，元代1尺约为现在的0.35米，10寸约为1尺。

第一章 耕地整地类农具

方形耙体积较大，整地功效较高，适合用于大型田地的整地等，其制作较为复杂。人字耙的体积较方形耙更小，也更为轻巧；但 V 形的中间存在死角，使用功效不如方形耙。耙的出现代表了当时农具制作工艺的进步。

南方水田与北方旱田所用的耙略有不同。后者在于耙碎干燥的土块，前者则是破碎水田中的泥块，兼用于平整田地。在广东、广西等地的西晋、南朝墓中均出土了犁田中耙田模型。这些模型中的水田耙都是上方有一横把，下装数齿，以绳索套一牛在前方牵引，人在后方以手扶住横把，控制方向和深度。

耙在唐代也叫作"爬"。陆龟蒙《耒耜经》："耕而后有爬，渠疏之义也，散垡（fá）去芟（shān）者焉。"即先耕地，后耙地，可以更好地平整田地、去除多余的土块和杂草。唐代耙的形制应与上述广东、广西出土模型中的耙类似。明清以来，耙的整体形制亦大抵如此，后世仅在细微处加以改良，比如将安装在两程的木齿替换为中间的滚子，可提高

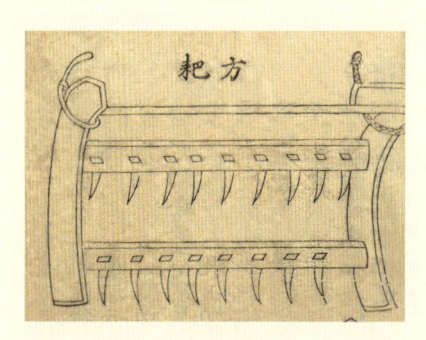

方耙·元代《王祯农书》

近代铁齿耙
中国农业博物馆·藏

制作方耙需将四根长木固定为框形，还要确定孔位、凿出孔洞、安装木齿等，并以合理方式与役牛相连，需要较高的制作水平。

第四节 耙

平整频率，加强整地功效；或将齿耙改为更加锋利的刀片状，以便将残留的根茬和杂草切碎，提高功效。

北方耕作体系中，与耙相关的"耢（lào）"[也称为"耱（mò）"]，则是在耙的基础上发展而来的一种无齿耙，主要用荆条一类的树枝编成。耙田完毕后，再用耢进一步磨平土壤，使农田更加平整。耢也可以系于耙之后，随耙随耢，整体耕作功效更高。

伴随隋唐宋元时期的人口大量南迁，南方耕地产量提升的压力逐步增加。为了加强整地的精细度，提高耕地产量，南方的水田耙进一步改良，将耙齿加长、加密，就成了能够更精细整地的农具耖（chào），因此耙也被认为是耖的开端。耖被称为"田地之梳"，它的出现，使得水田能够被梳理的更加细腻、平整均匀，进一步降低了因田地坑洼不平而引起的干秧和粮食减产。而"耕—耙—耖"等农耕工具的连续运用，也推动了南方水田精耕细作技术体系的形成。

《王祯农书·耙耢篇》牢记载：

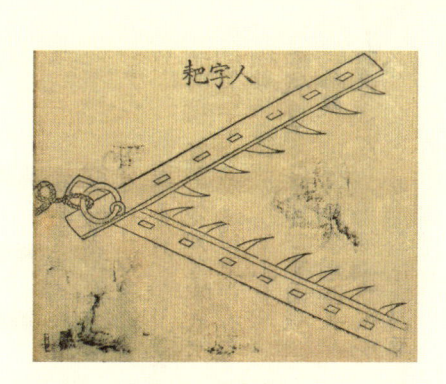

人字耙·元代《王祯农书》　　近代人字耙
　　　　　　　　　　　　　　|中国农业博物馆·藏|

第一章 耕地整地类农具

近代广东省始兴县耖

近代木质滚耙

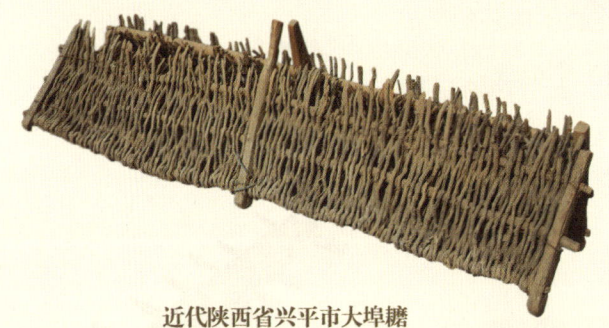

近代陕西省兴平市大埠耱

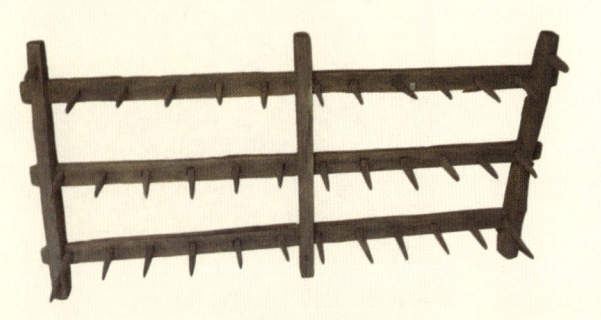

近代云南旱地耙

中国农业博物馆·藏

第四节 耙

犁耕既毕，则有耙、耢。耙有渠疏之义，耢有盖磨之功……古人制农器，因物利其利。犁耕启厥初，耙入抑为次。跡（jì）居（lòu）楱（còu）功，齿有渠疏义。再遍不妨多，稼事匪易求。

王祯已意识到，对于农作物的生长而言，耙田比犁田更重要。如果田耙得不到位，土壤粗而不实、不熟，农作物的幼苗虽然也能扎根生长，但根系与土壤结合得不牢固，易出现不耐旱、受病虫害和杂草抢肥等情况。当土壤耙得够细，就能够很大程度上避免这些问题，还兼有保墒、提高地温等作用。犁后的田，耙多少遍都不嫌多。我们耳熟能详的

西晋陶犁田耙田模型·广东省连州西晋墓出土
|广东省博物馆·藏|

此模型水田四周均设置了田埂，中间纵贯一条田埂，将整个水田一分为二。两块田的一角处设有漏水设施，应当是考虑了水田的排水、灌水。模型中的两块田里，各自有正在耙田的一人一牛。观察可知，田中农夫使用的应当为颈引耙，即将耙轭架在牛的颈部进行牵引。这件模型表明在西晋时期，水田的耕耙技术在广东北部已经得到普及。

037

第一章 耕地整地类农具

耙地图·魏晋壁画，甘肃嘉峪关新城魏晋壁画墓 12 号墓出土
|甘肃嘉峪关新城魏晋壁画墓博物馆·藏|
|图片出处：徐光冀主编《中国壁画出土全集（甘肃宁夏新疆卷）》|

农谚"深耕细耙，旱涝不怕"，就是这个道理。

三

在中国的诗词歌赋中，耙与犁作为农业活动的代称，经常一起出现。如元代杂剧《衣袄车》有这样的描述：

> 玉门关后，老将军无比阵云收。若题着安邦定国，受赏封侯。㩆（huàn）甲披袍骑战马，倒不如去拽耙扶犁使耕牛，寻几个渔樵作伴将柴门扣，心忙意急，壮志难酬。

又如明代汤显祖《牡丹亭·孝白歌》：

> 泥滑喇，脚支沙，短耙长犁滑律的拏（ná）。夜雨撒菰麻，天晴出粪渣，香风鸽鲊（zhǎ）。官里醉流霞，风前笑插花，把农夫们俊煞。

第四节 耙

耱地图·魏晋壁画，甘肃嘉峪关新城魏晋壁画墓 5 号墓出土
|甘肃嘉峪关新城魏晋壁画墓博物馆·藏|
|图片出处：徐光冀主编《中国壁画出土全集（甘肃宁夏新疆卷）》|

壁画中农夫挽髻，牵引双牛，身微蹲于耢上进行整地作业，耢的形状像是一根无齿横木。农夫立于其上，在驾驭双牛耢田的同时还可以随时击碎土块。

扶犁踩耙的农夫形象跃然纸上。耙也常常出现在农谚中。如"过罢谷雨到立夏，农民动犁又动耙"，强调耕后耙地的重要性；"春分不耙地，好比蒸馍走了气""立秋扒破皮，秋后顶一犁；立秋耙一耙，强似犁一夏"，强调把握正确时机，适时耙地，才能事半功倍；"过了霜降，犁耙架在梁上"，以犁耙作为整地农具的代表，点出深秋后就不再需要进行整地类农事活动了。

除在诗词歌赋和谚语里流传，耙也存在于南方山区的农田和传统活动中。广西桂林龙胜各族自治县龙脊镇古壮寨每年 4 月都会举办开耕节，进行耦耕、牛耕、挖田等 12 道传统农事活动。因狭长而不规则的梯田不便机械耕作，当地一直沿用"女在前拉，男在后推"的方式犁田、耙田和耕田。这里的梯田系统已纳入农业农村部发布的重要农业文化遗产。传统的农业耕作模式，也作为一道特殊的风景，吸引众多游客前来

第一章　耕地整地类农具

旅游观光，成为当地农民增收的重要渠道之一。

随着近代农业机械的逐渐普及，耙及其原理仍在广泛运用，但用来牵引的已多由人力、畜力发展为机械力，其材质也由木桯铁齿改为强度更高、更为耐磨的全金属材质，其使用方式也更加复合多元，可在一台机械中实现古代犁、耙、耢的全部功能，整田功效非常高。当然，现代农业机械的发展，离不开千百年来传统农具的演变创新。

耙田

| 李飞·拍摄 |

第二章 播种移栽类农具

春种一粒粟,秋收万颗子。

——唐代李绅《悯农·其一》

耕整田地后,需要及时进行播种、移栽等农事活动。早期人们手工播种,至西汉武帝时期发明了耧车,"所省庸力过半,而得谷加五"。耧车播种能够保证相对固定的行距、株距,可以实现分行栽培,为畜力中耕奠定了基础。到宋元时期,北方已普及了可连续实现开沟、下种、覆盖三种功能的三脚耧,进一步提高了生产功效,推动了农业发展。北魏时期出现了单行播种的手工下种工具——瓠种器,小巧轻便,尤其适合在山区播种,减轻农人在手播时弯腰播种之苦,提高播种功效。北宋时期发明了水稻移栽工具——秧马,它是起秧和插秧时乘坐的专用工具,"雀跃于泥中",可"日行千畦",减轻了人们弯腰曲背的劳作强度,提高行进速度,推动稻作农业发展。在苏轼的带动下,秧马广受各朝诗人青睐,成为文人雅士与农事活动紧密结合的见证。

第一节 耧车

> 日种一顷，至今三辅尤赖其利。
> 耧车播种有神权，一日能教一顷全。
> ——清代乾隆《农器图十咏其三耧车》

一

耧（lóu）车，简称"耧"，是一种复合农具，集开沟、下种、覆土三项功能为一体，种子入土均匀，深浅一致，并可通过耧脚数量的变化，实现同时分行作业，可谓一器多能，功效极高。

至迟在西汉时期，三脚耧车就已推广使用。东汉崔寔（shí）《政论》载：

> 武帝以赵过为搜粟（sù）都尉，教民耕殖。其法：三犁共一牛，一人将之，下种，挽耧，皆取备焉。日种一顷，至今三辅犹赖其利。

虽后世"未知耕法如何"，但可见最迟在西汉汉武帝时，搜粟都尉赵过就已经在向民众推广使用这种只需一人、一牛便能同时开三条沟并播种的三脚耧，一天便能播种一顷，其功效可见一斑。

第二章 播种移栽类农具

多数学者认为,能够连续播种的耧车应当是世界上最早的条播机。在这一方面,西方的条播机至少比中国晚了1600余年[①]。

二

耧与犁有着千丝万缕的关系。最晚在战国时期,中国便已广泛使用由耕牛牵引的铁制犁,并已经发明了专门的播种工具。耧是在犁连续开沟的基础上发展而来的。先是发明了多脚耧犁,后又增加耧斗,以便盛放种子,再使耧斗与耧脚相连,并将耧脚镂空,以便开沟下种。在山西平陆出土的汉代壁画中,描绘了一人扶耧,一牛牵拉的农作场景。

多脚耧的推广与"代田法"的应用息息相关。代田法是赵过在"畎亩法"基础上改进而成,通过实现同一地块沟和垄的隔年代换,达到排水防涝、抗旱保墒和土地轮休等目的。在耕作方式上,要能够连续开

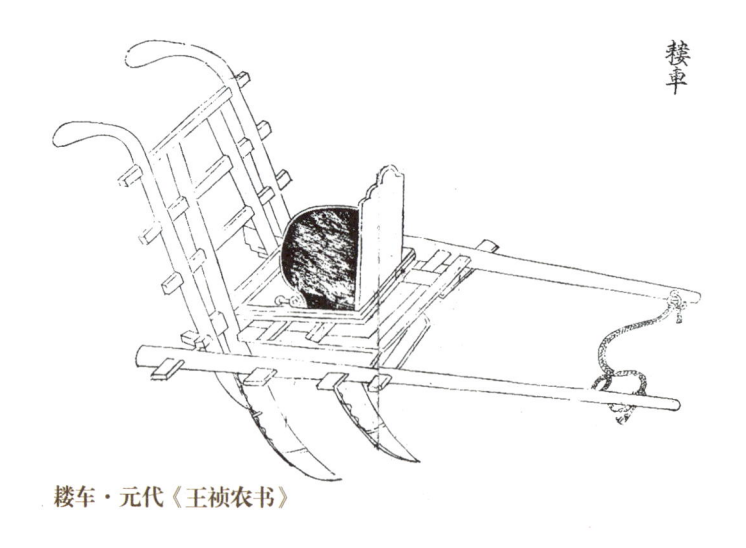

耧车·元代《王祯农书》

---

① 陶东冬. 古代的播种机——耧车[J]. 农村·农业·农民,2014.3A:59-60.

第一节 耧车

沟、作垄；在播种方式上，要由原来的点播、撒播变为条播。这些转变和更新都需要相应的新型农具，在这个背景下，集开沟、条播等功能为一体的复合农具多脚耧就应运而生，并得到大力推广。东汉班固《汉书·食货志》载：

> 二千石遣令长、三老、力田及里父老善田者受田器，学耕种养苗状。

耧车这种新发明的"田器"，既促进了代田法的大范围推广，又与代田法共同发挥效用，极大地推动了汉代农业发展，实现"日种一顷""用力少而得谷多"。

与之相对应的，是东汉时期北方部分地区使用的辽东犁，仍旧需六人二牛共同工作。东汉崔寔《政论》载：

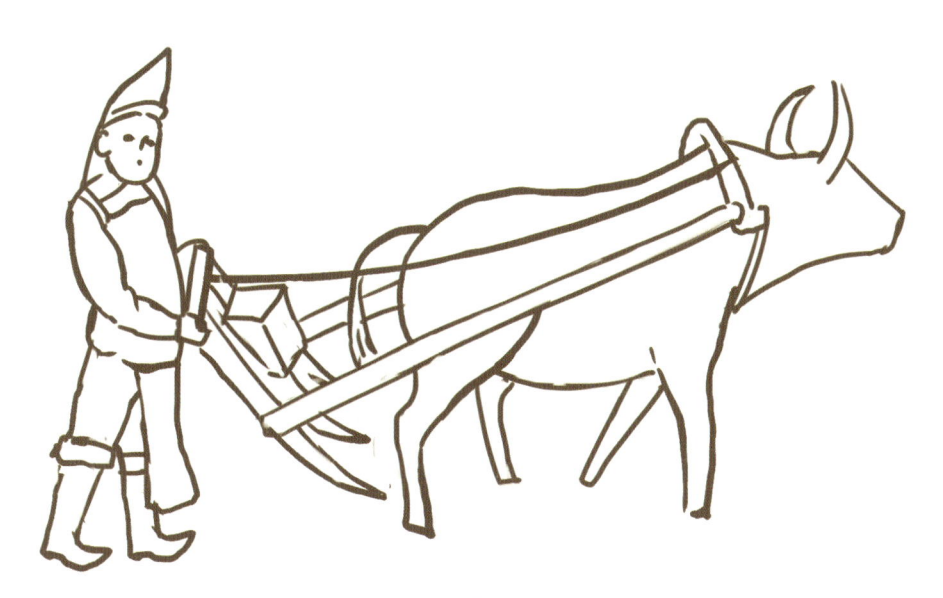

耧犁·汉代画像砖·山西平陆枣园村汉壁画墓出土
| 王宪明参照李三谋、任建煌《古代壁画中的三晋耧犁》·绘 |

此画像砖中并没有出现盛装种子的耧斗，应当是只能开沟，不能下种的耧犁。说明至少在这一时期的山西平陆地区，耧车还未广泛使用。

第二章　播种移栽类农具

  今辽东耕犁，辕长四尺[①]，回转相妨，既用两牛，两人牵之，一人将耕，一人下种，二人挽耧，凡用两牛六人，一日才种二十五亩。其悬绝如此。

汉代齐地1顷约35亩，所以六人二牛的劳动功效尚不及前文提到的一人一牛一耧，足见当时三辅之地所用的三脚耧耕作功效之高。这种辽东耕犁的存在，也说明耧车的传播存在较强的地域性。北魏贾思勰《齐民要术》记载了皇甫隆在西晋嘉平年间任敦煌太守时，推广耧犁之事：

  皇甫隆为敦煌，敦煌俗不晓作耧犁，及种，人牛功力既费，而收谷更少。皇甫隆乃教作耧犁，所省佣力过半，得谷加五。

可知至迟在魏晋时期，耧犁已在敦煌地区得到推广和使用。

到唐宋时期，耧车的使用更为常见，功能也日趋完善。从山西、甘肃等地发掘的唐宋墓葬壁画中可知，无论是使用耧车在农田播种的场景，还是耧车的基本形制、功能和使用方式，都与后世大致相同，可以

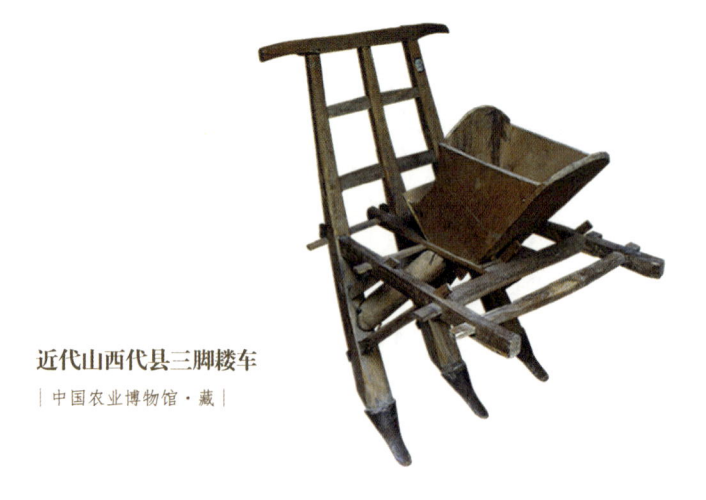

近代山西代县三脚耧车
中国农业博物馆·藏

[①] 根据邱隆《中国历代度量衡单位量值表及说明》，东汉1尺约为现在的0.23米。

牛拉耧塑像·东汉铜鼓（局部），广西桂平石咀东汉遗址出土

|广西桂平市博物馆·藏|

　　此鼓面层有一组青铜立体牛拉耧塑像装饰。

　　可见一人骑于牛背，双手前伸，应当是在拉绳、控牛，牛身两侧架有双辕并向后延伸直至地面，形成稳定框架，框架后方有敞口箕状物应为耧斗，起盛种、播种作用；下侧则为犁脚，起连续开沟作用。这个立体装饰是当时用牛牵引耧车进行播种的形象反映，证明这一时期广西地区已经出现以牛作为畜力牵引，可连续开沟和播种的耧车。

耧车播种图·金代壁画

|陕西三原唐代李寿墓壁画|

|王宪明参考陕西省博物馆、文管会《唐李寿墓发掘简报》·绘|

　　图中一牛牵引两脚耧车前进，车后一人双手扶耧，耧上清晰可见耧斗。

第二章 播种移栽类农具

农人持三脚耧耕地图·甘肃敦煌莫高窟第454窟窟顶壁画

| 王宪明参考史晓雷《对山西屯留宋村金代墓葬壁画所绘农具的分析》·绘 |

画面所绘三脚耧的形制非常清楚,很符合宋代梅尧臣在《和孙端叟寺丞农具十五首》第三首《耧种》中描写的场景:"农人力已勤,要在布嘉种。手持高斗柄,嘴泻三犁垄。"

第一节 耧车

推断这一时期的耧车已基本定型。

元代《王祯农书》中对两脚耧进行了详细描述：

> 两柄上弯，高可三尺，两足中虚，阔合一垄，横桄四匝，中置耧斗，其所盛种粒各下通足窍。仍旁挟两辕，可容一牛，用一人牵，傍一人执耧，且行且摇，种乃自下。

即一人在前方牵牛，控制速度和方向，一人在后方扶耧，保持耧车的平衡及向下的力度，边前进边晃动耧车，通过震动使种子顺着耧脚落到刚开出的土中。两人一耧一牛的模式，增加了畜力牵引耧车开沟、下种的稳定性，可提高播种均匀度，提高种子出苗率；保证播种行距、深

金代三脚耧与砘车·山西屯留宋村金代墓葬壁画
| 王宪明参考王鹏飞《山西壁画中的传统农具（宋—清）硕士学位论文》·绘 |

这组壁画中，上方的三脚耧形态已非常接近现代三脚耧。同时还出现了有三个石砘的砘车，显然是与三脚耧配套使用的。砘车的主要功能为条播后压实沟垄。说明中国至迟在金代初期已经出现了与耧车配套使用的压实农具砘车，也说明此时耧车运用非常广泛。

第二章 播种移栽类农具

近代山西省平顺县砘车
中国农业博物馆·藏

度一致,进而出苗程度一致,便于田间管理。综合而言,进一步提高了播种质量和功效。王祯还提道:

> 近有创制下粪耧种,于耧斗后,另置筛过细粪,或拌蚕沙,耩(jiǎng)[①]时随种而下覆于种上,尤巧便也。

可见,元代农人又改进了耧车,在耧斗后加装盛有筛过的细粪或拌得均匀的蚕沙,播种时肥料也随种子落入沟中、覆于种子上,将开沟、播种、施肥同时进行,进一步提高了生产功效。北宋韩琦在《祀坟马上》一诗中咏道:"泉干几处闲机碨,雨过谁家用粪耧。"诗中出现的"粪耧"即为上述"下粪耧车"。

三

民间对耧车的喜爱在歇后语和农谚中也有诸多体现。"耧地看耧眼——走着瞧",突出耧车的使用特点。"社后种麦争回耧",则以"回耧"代指"播种",提醒人们农时不等人,须争分夺秒下种。

---

① 指用耧来播种。

第一节 耧车

美国著名历史学家罗伯特·坦普尔在《中国：发明与发现的国度——中国科学技术史精华》中提到，中国古代在农业领域领先于世界的发明有五项，耧车即为其中之一。西方的第一部种子条播机就是受中国耧车的启发而制成。无怪乎宋代王安石评价"利物博如此，何惭在牛后"；清代乾隆赞之，"耧车播种有神权，一日能教一顷全"。

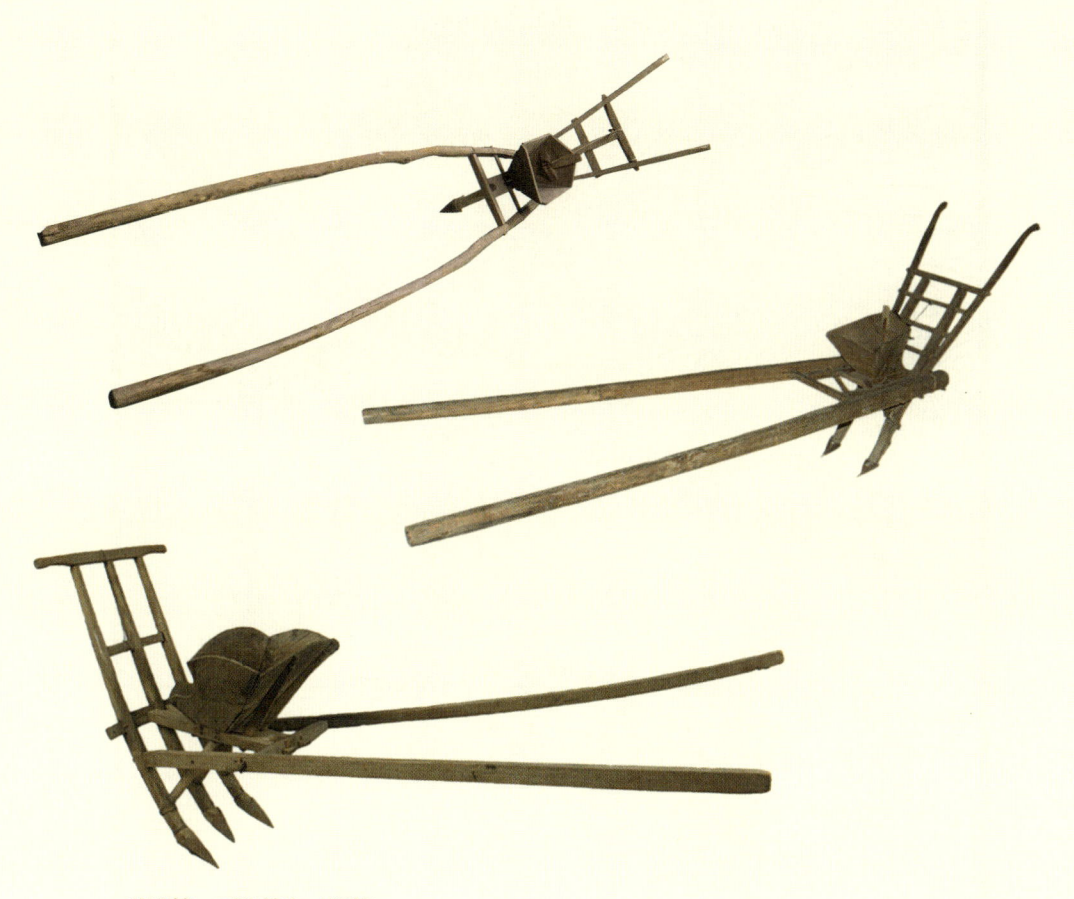

独脚耧、两脚耧和三脚耧
| 中国农业博物馆·藏 |

　　实际使用中，耧的开沟器可有一脚至七脚，其中独脚耧使用最为便利，二脚耧播种最为均匀，三脚耧也较为常见。

051

第二章　播种移栽类农具

耧车播种・古今图书集成图纂，内府全图，农事卷，清刊本，黑白版

第二节 瓠种

> 休言瓠落只轮囷[1]，
> 一窍中藏万粒春。
> 窍瓠贮种，量可斗许。
> ——明代徐光启《农政全书》

一

瓠种（hù zhǒng）是一种古老的播种工具，也称窍瓠、点葫芦。"瓠"即葫芦，以"福禄"的美好寓意、肚大脖细的独特形制和较为坚硬的外壳，被古人广泛运用于生产与生活之中。其中，瓠种与农业生产的关系最为紧密。

瓠种由葫芦改造而成。它的出现，减轻了农人手播时需弯腰播种之苦，提高了播种功效。

二

关于瓠种的文字记录始见于北魏贾思勰《齐民要术》，其《种葱》

---

[1] 囷（qūn），指圆形粮仓。

第二章 播种移栽类农具

篇载:"两耧重构。窍瓠下之。以批契维腰泄之。"《种苜蓿》篇则再次提道:"旱种者,重耧耕地,使垄深阔,窍瓠下子,批契曳之。"此处的耧应为耧犁,二者同时出现,反映两种不同的播种工具互为补充,耧犁在前方开沟,瓠紧随其后播种。足见这一时期,耧犁与瓠是极常见的农具。

元代《王祯农书》和明代徐光启《农政全书》等均记载了瓠种的构造和使用方法,内容相同,此处以《王祯农书》为例:

> 瓠种,窍瓠贮种,量可斗许,乃穿瓠两头,以木箪(dān)贯之,后用手执为柄,前用作觜(zuǐ),泻种于耕过垄畔。随耕随泻,务使均匀……燕赵及辽以东多用之。

可知,瓠种主要使用于华北辽东一带,由瓠、箪(即木棍)两部分构成,先将葫芦掏空,再直穿一带凹槽的木棍以引播。播种时,先将种子装入葫芦,一手执葫芦,一手敲之,促使种子顺槽均匀落入土中。瓠种的播种蕴含了敲击振动原理,即单次下种的数量与敲击的强度和频率正相关,至于具体的播种数量和密度则由所种植作物的生长发育特点决定。所以,瓠

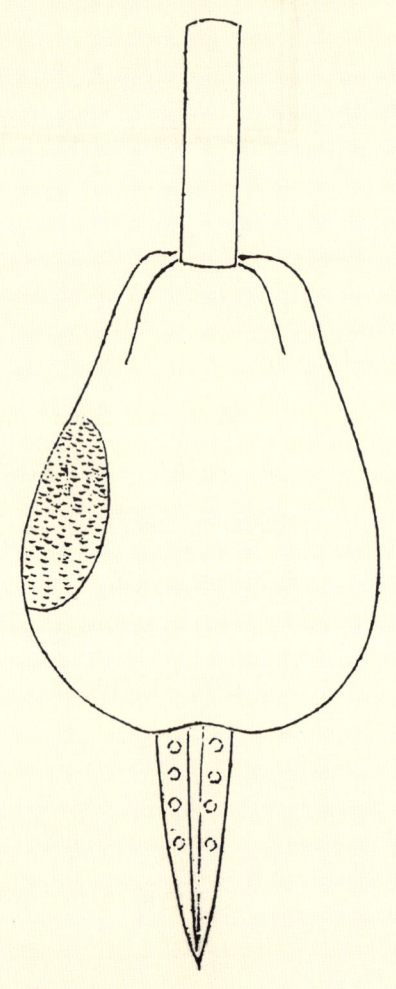

瓠种·元代《王祯农书》

第二节 瓠种

种的发明和使用既有先民长期的播种经验，又有物理学的科学依据。

相较于瓠种，耧车因可连续开沟下种、耧斗容量较大等优势，其适用范围更广，总体生产功效也比较高，所谓"一人将之，日种一顷"。而瓠种只能点播，较耧车胜在轻便，较手播更均匀、高效，主要适用于分散的个体和小农，尤其适合播种山区的小米等作物。后来大部分平原地区都改用耧车，只有河北北部、辽宁西部、内蒙古东部一带较多使用瓠种。目前已出土瓠种实物中，年代最早的为金代，出土于河北北部的滦平县。

近代的瓠种制式基本与金代瓠种器相类似，只是引播槽的长度进一步加长，更便于人们站立播种；槽宽依据播种作物种子的大小、数量有所变化。实际使用中，瓠种常和豆钻（类似于点种棒）一起使用，后者钻洞，前者播种。

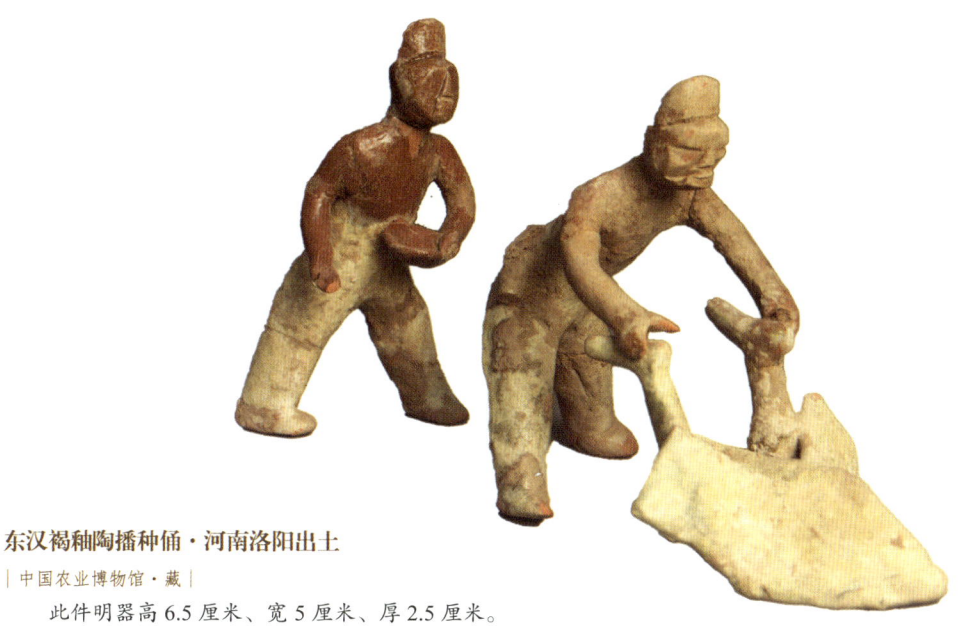

东汉褐釉陶播种俑·河南洛阳出土
| 中国农业博物馆·藏 |

此件明器高6.5厘米、宽5厘米、厚2.5厘米。

此器生动形象地还原了春耕时节，农人在田埂之间犁地、播种的场景。两人皆为男性，前人所持类似于破土器；后人则持箕状物手播，可知这一时期播种主要为手播。

055

汉代播种图·云南晋宁石寨山出土

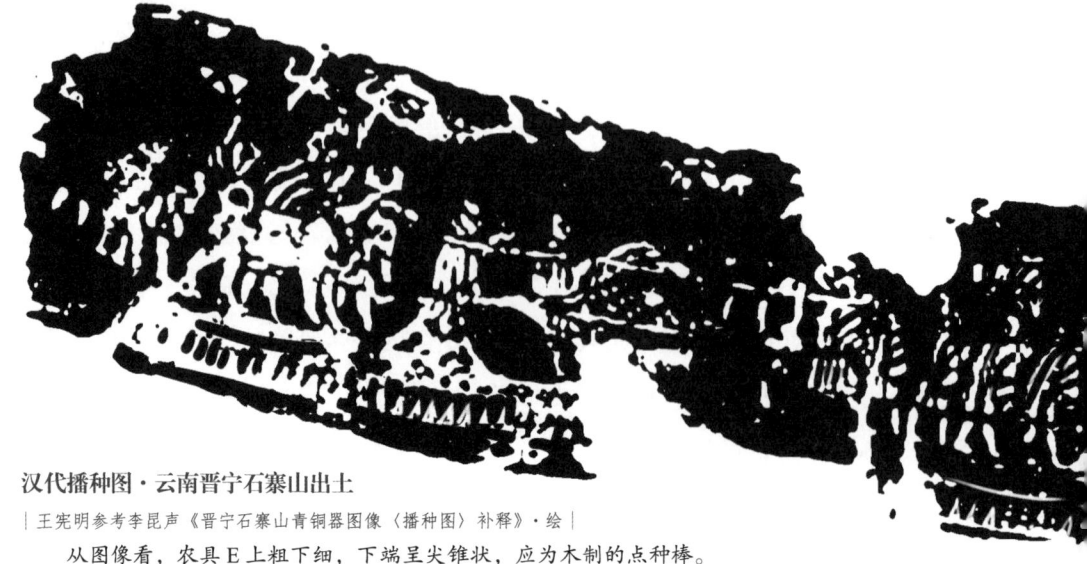

| 王宪明参考李昆声《晋宁石寨山青铜器图像〈播种图〉补释》·绘 |

　　从图像看，农具 E 上粗下细，下端呈尖锥状，应为木制的点种棒。

　　1949 年之前，云南布朗族、景颇族、怒族、基诺族等少数民族普遍使用这种形状的点种棒。

三

　　可莫小看了这一轻巧的播种器，它的功效远高于手播。据学者统计，中华人民共和国成立前河北滦平一带用瓠种播种，一般一天可点六、七亩地[①]，不仅功效高，还能保护劳动者的腰椎，使之免于弯腰劳作之苦。所以《齐民要术》里赞之：

　　　　寡力之家，比耕耙耧砘，易为功也。

　　瓠种以其轻便高效，比耧车更适用于劳动力少的家庭。《王祯农书》亦赞之：

　　　　休言瓠落只轮囷，一窍中藏万粒春。喙舌不辞输泻力，腹心元寓发生仁。农工未害兼鲍器，柄用将同秉化钧。更看沟田遗迹在，绿云禾麦一番新。

---

① 郑邵宗. 金代的瓠种[J]. 农业考古，1983（02）：204-206.

小小的瓠种，大大的肚皮可以装下万粒种子，实现"春播一粒粟，秋收万颗子"的美好愿景。至今，瓠种这种简便、轻巧、高效的播种工具，仍旧在山东、内蒙古等地的农村中使用。

金代瓠种器·河北滦平县大屯乡岑沟村农家窖藏出土

|河北承德博物馆·藏|

这件瓠种器即为前文所讲的目前已知年代最为久远的木质瓠种实物。

其通长47厘米，最大直径16.5厘米，由一个葫芦和一段木杆组成。葫芦首尾各有一圆孔，木杆从葫芦两端圆孔穿过，穿出葫芦首端还设有凹槽，应当为引播种子的专用槽，穿过葫芦的尾端即为执柄。

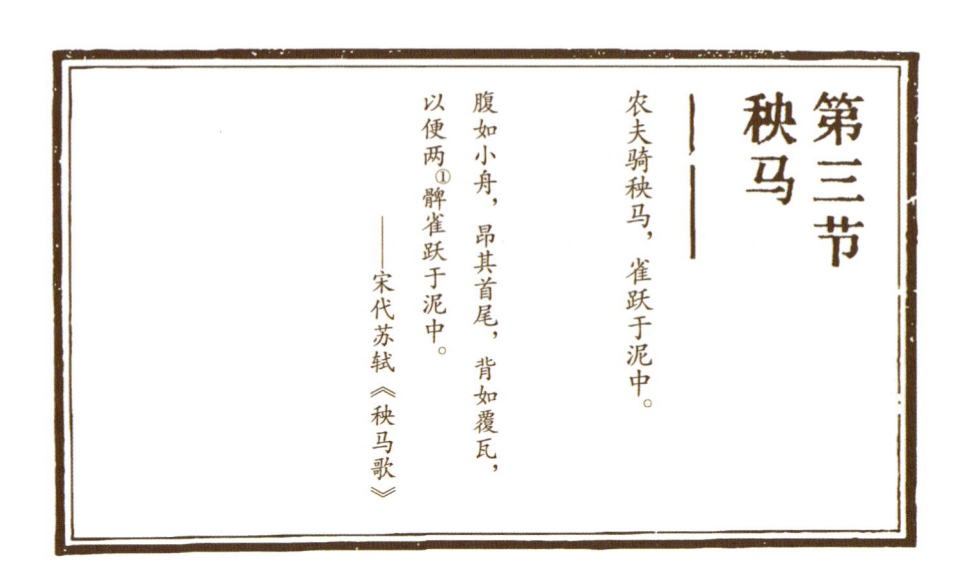

> 第三节 秧马
>
> 农夫骑秧马，雀跃于泥中。
> 腹如小舟，昂其首尾，背如覆瓦，以便两髀①雀跃于泥中。
> ——宋代苏轼《秧马歌》

一

20世纪80年代中期，湖北鄂州民间流传着这样的歌曲：

> 湖北佬，湖北佬，春耕时节忙不了，低头弯腰扯秧苗，一把一把汗水浇，千年苦活谁知晓？湖北佬，湖北佬，心灵手巧造"秧马"，坐在凳上扯秧苗，省时省力实在好，千年苦活后人晓。

这当中"省时省力实在好"的秧马，指的便是南方水稻种植中的一种拔秧苗农具，常在拔秧插秧等移栽环节使用。

二

关于秧马最早的文字记载见于北宋苏轼所作《秧马歌》。苏轼与秧

---

① 髀（bi），即大腿。

第三节 秧马

马颇有渊源，可谓其"推广大使"。北宋神宗元丰三年（1080），苏轼被贬到黄州（今湖北黄冈）任团练副使。在这期间，他亲营东坡陂田数十亩，"与田父野老，相从溪山间"，积累农事经验、体验民生疾苦；其间曾前往湖北武昌，对当地广泛使用的新式农具"秧马"产生了极大的兴趣。

到北宋绍圣元年（1094），苏轼被降职为宁远军（今广西容县）节度副使，贬谪到岭南的惠州（今广东惠州）安置。在南行途中，苏轼在江西庐陵（今江西泰和）"见宣德郎致仕曾君安止，出所作《禾谱》[①]"。苏轼感叹其书"文既温雅，事亦详实，惜其有所缺，不谱农器也"，于是向曾安止介绍"予昔游武昌，见农夫皆骑秧马"，并"作《秧马歌》一首，附于《禾谱》之末云"。这便是《秧马歌》的由来，其引文对秧马的形制和功用做了具体生动的描述：

> 以榆枣为腹欲其滑，以楸桐为背欲其轻，腹如小舟，昂其首尾，背如覆瓦，以便两髀，雀跃于泥中，系束藁其首以缚秧。日行千畦，较之伛偻而作者，劳佚相绝矣。

苏轼所描述的"秧马"，其外形像一只小船，两头翘起，中间下凹，操作者坐在凹处，两脚置于田泥中，劳作时两脚不断向前或向后蹬地，使秧马反向滑动，速度之快，如雀跃于泥中；功效之高，可日行千畦；还可免去弯腰劳作之苦，实在是一件利民之器。苏轼心系苍生，将《秧马歌》附于曾安止《禾谱》之后，意欲使秧马得到更大推广，更好地造福民众。

苏轼抵达广东惠州后，又不遗余力地将秧马介绍给当地的各级官员，得到县令林天和的积极响应。在林天和"以榆枣为腹患其重，当以栀木，则滑即轻矣"的建议下，秧马变得更轻，同时林天和还建议将秧

[①] 曾安止所作的《禾谱》，是中国第一部水稻品种专著，现已失传。

第二章 播种移栽类农具

农户坐着秧马起秧
|王宪明·绘|

马的"两小颊子（即侧板）"用于打洗秧根：

> 俯伛（yǔ）秧田非独腰脊之苦，而农夫侧胫上打洗秧根，积久皆至疮烂。今得秧马则又于两小颊子上打洗，又完其胫矣[①]。

说明经过改良之后的秧马，亦可用于拔秧后敲打除泥。可避免用脚胫打洗秧根造成的皮肤溃烂。经过推广，苏轼在《题秧马歌后四首之一》中记录，"今惠州民皆已使用，甚便之"。又说：

> 念浙中稻米几半天下，独未知为此，而仆又有薄田在阳羡，意欲以教之。适会衢州进士梁君琯过我而西，乃得指示，口授其详，归见张秉道，可备言范式尺寸及乘驭之状，仍制一枚，传之吴人，因以教阳羡儿子，尤幸也。

[①]《苏轼文集》卷68《题秧马歌后四首》，中华书局，1986年，第2152页。

近代湖北省黄安县（今红安县）秧马
|中国农业博物馆·藏|

一来说明当时稻作较为发达的浙江尚未出现秧马，二来可以一窥苏轼对秧马功效的高度认可，逮着机会便大力推广，不仅向浙江衢州进士详细描绘了秧马的制式，还做了模型送给江苏吴中百姓。在苏轼的执着"带货"下，截至南宋末期，江浙、湖广、川闽等南方水稻产地几乎都有秧马使用，减轻农民劳作强度的同时，提高了拔秧、插秧功效，推动了这些地方的稻作农业发展。

三

关于秧马的用途，学者们意见不一。争议集中于是否可用于插秧。笔者认为秧马既可用于拔秧，也可用于插秧。宋人诗歌中，多有诗句直接或间接表明秧马为插秧之用。如楼璹（shù）为《耕织图·插秧》配诗曰："溪南与溪北，啸歌插新秧。抛掷不停手，左右无乱行。被将教秧马，代劳民莫忘。"明确说秧马是用于插秧；陆游《出游》曰："白水满

061

第二章 播种移栽类农具

陂秧马跃,"白水应当是插秧,如是拔秧,就应当是绿苗满堂了;张孝祥《将至池阳呈鲁使君》曰:"翠逼笋舆松径合,绿随秧马稻畦新。"徐元杰《送郡守》曰:"筠笼映日成清閟,秧马衔烟布绿茵。"黎廷瑞《次韵张龙使君十绝·其二》曰:"雨余秧马各相先,绿满平畴断复连。"都提到了"绿",而实际操作中,只有插秧,才会有"稻畦新""布绿茵""绿满平畴"之说。

相比而言,插秧比拔秧更累,需要弯腰劳作的时间更长,因此更加辛苦,也更有必要增加辅助农具来缓解农人疲劳。从宋代诗词作品中,可知拔秧主要由力气较小的妇女、儿童完成,而插秧主要由成年男子完成。如杨万里《插秧歌》曰:"田夫抛秧田妇接,小儿拔秧大儿插。"邵定翁《插田》曰:"麦饭杂菽炮鳖羹,邱嫂拔秧哥去耕"等。而秧马的使用者主要是壮年男子。如刘克庄《乙丑元日口号十首其五》曰"伴壮丁骑秧马出"、《三和·其二》曰"长骑秧马杂耕夫"等。这些都可作为古时秧马可用于插秧的佐证。

秧马的实际用途在千百年的农耕发展中可能有所变化。自北宋中期苏轼在江西、广东等地推广以来,秧马经过多次改良,与宋代秧马有较多差异。现今有些农民用秧马(亦称为"秧凳")拔秧,很少用于插秧,或许与古代稻苗间的巨大行距与现代不同有关。"近世,随着人多地少的矛盾加剧,水田中遂不再留有昔日的宽阔行道。而就拔秧来说,始终有一边的空间,亦拔去秧的那面,因此,秧马尚得保留;然而,为方便操作起见,劳作者改以侧面为正面,缩小了长度、宽度,特别是去掉了首、尾高翘的部分。于是,秧马成了秧凳"[①]。这很好地解释了为何古人既可将秧马用于拔秧,又可用于插秧,而现今多用于拔秧。同时,《王祯农书》对体形较小的秧马未作记述、也无绘图,可能当时还没有出现,

---

[①] 王颋、王为华. 桐马禾云——宋、元、明农具秧马考[J]. 中国农史, 2009(1): 9-17.

这类秧马应当是人多地少矛盾突出后才演变出来的。

四

许是苏轼名扬天下，在他的带动下，秧马这一农具广受各朝诗人青睐。以南宋陆游为例，他在《耒阳令曾君寄禾谱农器谱二书求诗》中赞道："一篇秧马传海内，农器名数方萌芽。"耒阳令曾君正是曾安止的侄孙，《农器谱》则是他继承曾祖父遗愿，完成专门论述农具的著作。此外，陆游在许多作品中，都提及了秧马，如《春日小园杂赋》载"日驱秧马听缫车"；《孟夏方渴雨忽暴热雨遂大作》载"处处跃秧马，家家闲水车"；《题斋壁》载"出从父老观秧马"；《夏日》载"陂塘漫漫行秧马"；《山园杂咏》载"秧马掀泥喜雨蒙"。既可见陆游对秧马的喜爱，又可知当时在南方地区，秧马的使用极为普遍。

此外，楼璹、辛弃疾、刘克庄、郑清之等皆有以秧马为田园生活背景的作品传世，多部著名农书中都详细介绍了秧马的形制，并配以生动的示意图。

纵观农器发展史，或许秧马的大范围推广与使用，是文人雅士与地气农事结合得最为紧密、最为成功的一次。

在《秧马歌》，可饱览苏轼的文人风雅与豪放大气：

> 春云濛濛雨凄凄，春秧欲老翠剡齐。嗟我妇子行水泥，朝分一垅暮千畦。腰如箜篌首啄鸡，筋烦骨殆声酸嘶。我有桐马手自提，头尻轩昂腹胁低。背如覆瓦去角圭，以我两足为四蹄。聳踊滑汰如凫（fū）鹥（yī），纤纤束藁（gǎo）亦可贵。何用繁缨与月题，揭（hē）從[①]（cōng）畦东走畦西。山城欲闭

[①] 揭，古通"曷""何"。從，古通"从"。

第二章 播种移栽类农具

闻鼓鼙（pí），忽作的卢跃檀溪。归来挂壁从高栖，了无刍秣（mò）饥不啼。少壮骑汝逮老鼙（jī），何曾蹴轶防颠陟（jī）。锦鞯（jiān）公子朝金闺，笑我一生蹋牛犁，不知自有木駃騠（jué tí）。

秧馬

秧馬蘇文忠公序云余過廬陵見宣德郎致仕曾君安⋯

秧马·元代《王祯农书》

图中的秧马体形较大，首尾翘起，农夫拔秧时，骑坐于秧马上，田间有一排排待拔秧苗。其形制与近现代所见秧马有所不同。

第三章 田间管理类农具

中园种嘉蔬，地瘠蔬叶稀。蔓草杂其间，复尔缠绵之。六月盛炎暑，亭午张赫曦。园工力芟锄，根株俾无遗。

——明代孙承恩《观园丁除草》

早期农业没有中耕环节。伴随耕作方式的精细化发展，逐渐出现除草、间苗、培土等中耕作业。至迟在商周时期，铲、锄开始作为专门的中耕农具使用。伴随垄作法、畎亩法等耕作方式的大范围推广，到春秋战国时期，中耕农具得到进一步普及，锄的形制也更加多样，创制了六角锄、月牙锄、鹤头锄等。清代发明了漏锄，使用时更轻便省力，还能起到保墒作用，进一步提高了旱地农田中耕管理质量和精耕细作水平。耘荡是南方水田除草工具，宋元时期开始使用，明初在江浙地区得到普及，"既胜耙锄，又代手足"。唐代发明了耘爪，可避免指甲被田中的泥沙磨损。

中耕除草类农具的发明与使用，在提高土地肥力、促进粮食产量增长、促进农业发展以及社会经济发展等方面发挥了巨大作用。

第一节 钱（铲）

> 欲收禾黍善，先去蒿莱恶。
> 养苗之道，锄不如耨，耨不如铲。
> ——南朝宋何承天《纂文》

一

早期原始农业往往种后"听其自生自实"，没有中耕环节，也没有与之相关的专门农具。随着对环境的适应和人口的增加，人类逐步从游居改为定居，由撂荒式生产改为轮荒、连作和复种。耕作方式也越来越精细，后期逐渐出现除草培土等中耕作业，至迟在夏商周时期，铲开始作为专门的中耕农具出现。

最早将铲作为农具的文字记录见于《诗经》："命我众人，庤（zhì）乃钱镈（bó），奄观铚（zhì）艾（yì）。"其中的"钱"即铲。东汉刘熙《释名》曰："铲，平削也。"指出铲的主要功能和使用特点。南朝宋何承天《纂文》说："养苗之道，锄不如耨，耨不如铲。铲柄长二尺，刃广二寸，以划（chǎn）地除草。此铲之体用即与钱同，钱特铲之别名耳。"明确指出钱是铲的别称，同时指出铲在田间管理中的功效要高于锄和耨。

铲的出现，意味着中国古代农业从粗放管理转向精耕细作。

第三章　田间管理类农具

商代青铜铲
|中国国家博物馆·藏|
|王宪明·绘|

二

铲至迟在新石器时代早期就已经出现。这一时期的铲主要用于翻掘土地而非中耕除草，以骨质、石质、木质为主。旧石器时代晚期的贵州兴义县猫猫洞遗址出土了目前已知最早的工具铲——鹿角铲。此外，新石器时代早期的河南裴李岗遗址、山东北辛遗址等均出土了石铲。这些石铲基本利用了石头原始形状，制作较为粗糙。广西顶蛳山遗址出土了蚌铲；浙江河姆渡遗址出土了T形木铲，较为小巧，需要人蹲在农田当中操作。

这一时期，铲的生产工艺简单，主要依托其原材料的形制，使用功能单一，主要用于垦荒、翻地、采集根茎等。这些石铲或通体磨制，或只对刃部进行了加工。其刃部或为单弧，或为双弧。其固定方式多为用绳缠绑于木棍之上，部分石铲中间凿有孔洞，可以增加木棍与铲体的附着面积，使二者结合得更为牢固。

蚌铲·广西顶蛳山遗址出土

|顶蛳山遗址博物馆·藏|

这类蚌铲利用了蚌壳自身特点并加以简单改造，器形扁且长，一端窄且厚，便于握持，另一端宽扁且多磨成刃状。

连柄小木铲·浙江余姚河姆渡遗址出土

|浙江省博物馆·藏|

此件木铲形状类似后世用的手铲，是用整块木料削制而成，制作工艺较为复杂，其柄端呈T形，中凿有三角形孔，更便于手握和发力；刃部已残，推测应为平刃，可用于掘土和翻地。

骨铲·浙江余姚河姆渡遗址出土

|浙江省博物馆·藏|

此件骨铲呈银杏树叶形，利用了骨头的自然状态，短柄可手握，只可惜刃部未打磨完全，应是一件半成品。

楔形双肩大石铲·广西隆安大龙潭遗址出土

|广西壮族自治区博物馆·藏|

此件石铲长66.7厘米、宽27.2厘米、厚1.9厘米，体形硕大，形制精美，为广西壮族自治区博物馆的镇馆之宝。

第三章　田间管理类农具

鹿角铲·贵州兴义县猫猫洞遗址出土

|中国国家博物馆·藏|
|王宪明·绘|

是目前已知最早工具铲，长8厘米、宽3.5厘米，应当只可用于铲土翻地。鹿角的一端被刮出一个约45度的刃口并加以磨制。如今铲面仍可见清晰的磨制痕迹，是当时人们熟练掌握磨制技术的一件物证。

除以上材质外，新石器时代晚期的山东大汶口遗址、龙山遗址和广西隆安乔建遗址等还出土了玉铲。这些玉铲材质珍贵，器形精美，形制多样，有方柄直刃、方柄弧刃、双肩式等，后者可以双手持柄、脚踏铲肩，以助力刃部入土，功效更高；形制也与后世的青铜铲、铁铲较为类似，代表了铲的主要发展方向。这些铲具的出现，一方面，说明整地农具逐渐完善和发展，侧面反映了耕地技术的进步；另一方面，作为当时珍贵而稀有的材料，玉被加工为精美的铲具，成为陪葬礼器。这样的丧葬习俗也反映了当时社会对农业生产的高度重视。

伴随垄作法等耕作方式的大范围推广，商周时期以铲为代表的中耕农具得到进一步普及。古代先民为了提高粮食产量，依据作物生长规律，改善农业种植方法、发明创造相应农业工具。土地开垄、作沟后，不仅提高了产量，也更方便农人下田除草，故中耕技术和农具得到了更快速的发展。商周时期多个遗址出土了形制各异的铲，不乏许多精美的青铜铲。

第一节 钱（铲）

新石器时代大汶口文化玉铲
|中国国家博物馆·藏|
|王宪明·绘|

此件玉铲长 19.1 厘米，刃宽 10.3 厘米，出土于大汶口文化一座贵族墓中，是迄今所发现的最精美的玉器实物之一。

双肩束腰玉石铲·广西隆安乔建遗址出土
|广西壮族自治区博物馆·藏|
|王宪明·绘|

该遗址出土了数百件完整的石铲，在整个广西 30 多个县市的 130 多个地方都有石铲出土，足见铲在这一地区的使用之频繁，及铲对当地农业生产活动的推动之重要。这些石铲多为双肩形，体形都较大，或与当地土质和使用习惯有关。

这一时期的青铜铲在双肩形制上普遍增设了銎口，为方形或三角形，两侧设置有小孔，用来钉铜钉以安装、固定木柄。銎往往一直连接到铲身的中部或上部，铲身为梯形或横长方形，部分铲身设有一道或三道隆起的脊，以增大木柄与器体结合面积，增强铲具的整体性、耐久性，使其在掘土时不易拆断损坏。

战国之后，随着冶铁技术的发展，铁铲逐渐取代了石制、木制和青铜制铲而成了一种常见的实用农具。根据这一时期的文物出土情况，其形制及受力方式基本同现代铁铲一致，只是随功能和使用习惯的不同，在柄长、铲身大小、装饰造型等方面有些许差异。

溜肩青铜铲·江西新干大洋洲商代墓出土

|江西省博物馆·藏|
|王宪明·绘|

西周铜铲

|南京博物院·藏|
|王宪明·绘|

铲身作撮箕状，后缘有鼻直立，柄中空，断面呈椭圆，上有脊。柄与铲身相接处，突出一圈。铲外壁两旁饰卷草纹，后沿在柄的两旁各有涡卷纹一组。柄端饰缠纹，其上缺口处饰卷草纹，应为礼器。

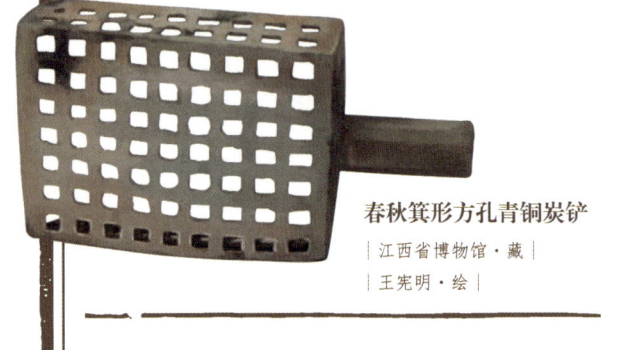

春秋箕形方孔青铜炭铲

|江西省博物馆·藏|
|王宪明·绘|

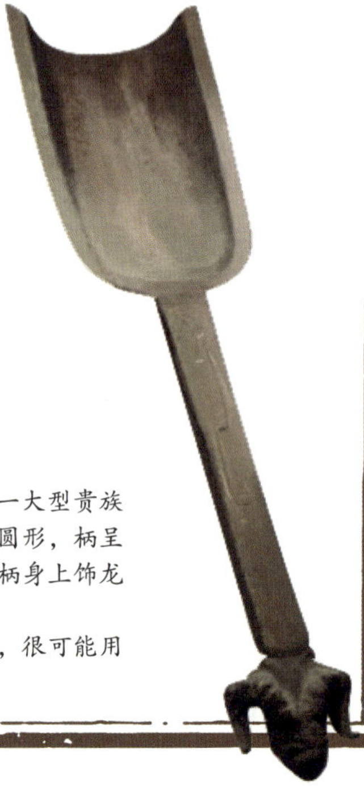

商代晚期羊首铜铲

|北京保利艺术博物馆·藏|
|王宪明·绘|

此件铜铲形制特别，应出自山西、陕西交界地区某一大型贵族墓中。胎体厚重，保存完好，未见任何残损。铲体呈半圆形，柄呈长条形。铲的顶部装饰一大角向前旋转并翘起的羊首，柄身上饰龙目纹，接近铲体部分另饰一牛首图案。

从形制、保存状况等方面分析，此件铜铲并不实用，很可能用于某种礼仪活动。

第一节 钱（铲）

三

春秋战国时期出土了大量被后世称为"空首布"的钱币，其形状与已出土的商周时期青铜铲十分相似，只是重量更轻、尺寸更小。"空首"就是铲的銎部。可以推测，由于商周时期青铜铲的制造和使用非常普遍，在交换关系的发展中能够和多种商品进行交换，最初可能只是充当个别等价物，后来由于它易保存、广泛为社会所需要等特点，逐步成为一般等价物，转变为货币。在"铲"字出现后，"钱"字就主要用于称呼金属货币，发音也由"jiǎn"变为"qiǎn"。"铲"则作为农具的称呼一

宋辽铁铲·内蒙古自治区赤峰市辽驸马墓出土

| 中国国家博物馆·藏 |
| 王宪明·绘 |

该铁铲通长51厘米，铲面长19厘米、宽21厘米。此铁铲随同其他器物一起下葬，把上铸三个卷草纹状的饰物，不像一般的生产工具，可能是辽驸马常用之物，也可能是特制明器。

西汉镀锡叶脉纹青铜铲

| 云南博物馆·藏 |
| 王宪明·绘 |

该铜铲长21.7厘米、宽20厘米，整体形状近似长方形，銎孔三角形，銎凸起于铲叶中央，中脊至前段分为两股，直达铲口左右两角，刃部内凹，銎的三面都有钉孔。造型上具有一定的云南特色。

第三章 田间管理类农具

直沿用至今。

以铲为代表的中耕农具，推动了中国古代农业向精耕细作方式的转变，农民开始通过更加精细的管理，向有限的田地要更多的产量。后世常以"钱镈"指农具，如三国曹操《冬十月》曰："钱镈停置，农收积场。"描绘了隆冬时节，农民放下农具暂停劳作，收获的庄稼堆满谷场的场景。《王祯农书》也以"钱镈"作为中耕农具这一门类的章节名。

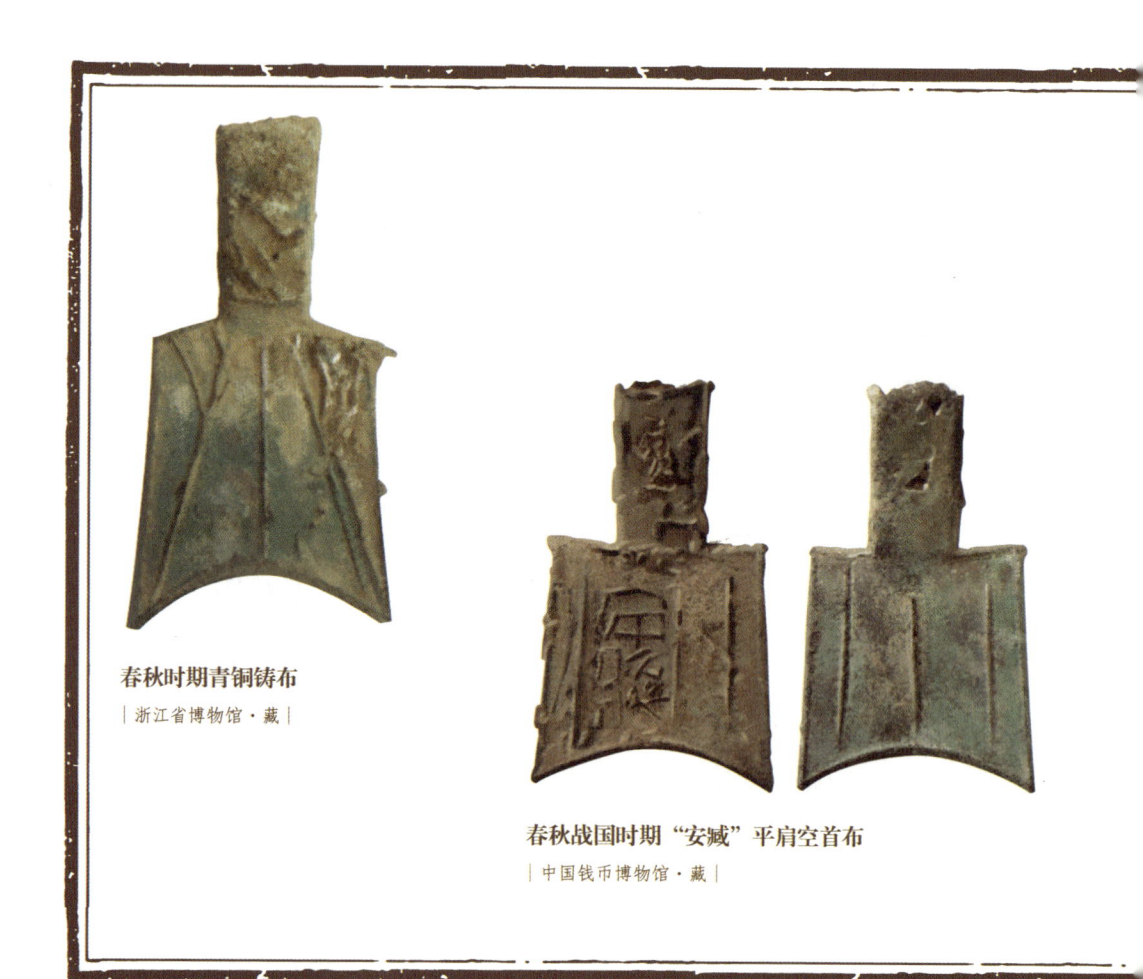

春秋时期青铜铸布
|浙江省博物馆·藏|

春秋战国时期"安臧"平肩空首布
|中国钱币博物馆·藏|

第一节 钱（铲）

作为实用且高效的农具，铁铲至今仍在农村广泛使用，除草、培土、挑沟；在建筑工地中，铲建筑垃圾、翻土挖坑也是一把好手。在考古界，洛阳铲更是必备的工具。由"铲"作为农具的铲地、除草等功能，又引申出"铲"作为动词的"削平、除去"之意。如李白"铲却君山好，平铺湘水流"，开篇一个"铲"字，削平君山，只为让湘水流得更舒畅，何其豪放！

战国铜铲

| 浙江省博物馆·藏 |
| 王宪明·绘 |

该铜铲高7.9厘米、銎宽4.1厘米、刃宽8厘米。铲体呈梯形，较短，斜肩，宽刃，刃两角略外侈（chǐ），刃口有使用痕迹；其上置銎，銎呈长方形，较长，銎部近肩处凸起一道弦纹。此类铜铲与空首布形状非常相似。

春秋战国时期"东周"平肩空首布

| 中国钱币博物馆·藏 |
| 王宪明·绘 |

第二节 锄

> 谷锄八遍金不换。
>
> 锄禾日当午，汗滴禾下土。
> 谁知盘中餐，粒粒皆辛苦。
> ——唐代李绅《悯农·其二》

一

"锄禾"的锄是一种后拉式中耕农具，由"庤乃钱镈"中的镈进化而来。《说文解字》曰，"钁，大锄也""鉏（锄），立薅（hāo）所用也"。一般把可以深翻土地的大锄头称为"钁"，属于整地农具；把主要用于田间松土、除草的锄头称为"锄"，属于中耕农具。东汉《释名》曰，"镈，亦锄田器也。镈，迫也，迫地去草也"。又说："锄，助也，去秽助苗长也。"可见镈就是除草的锄头。

二

与被称为"钱"的铲类似，锄在中国农业中作为松土整地农具出现的时间非常早。新石器中期的先民就已经开始用石头制作锄头，在黑龙江、湖北、江苏等地的新石器时代遗址中多有发现，主要为亚形。这类

第二节 锄

石锄在实际使用中，除了需要将石头加工至刃部较薄，还要有接近直角弯度的木棍作柄，并用绳将石锄和木柄绑到一起。所以锄是具有一定加工水平的复合工具[1]。

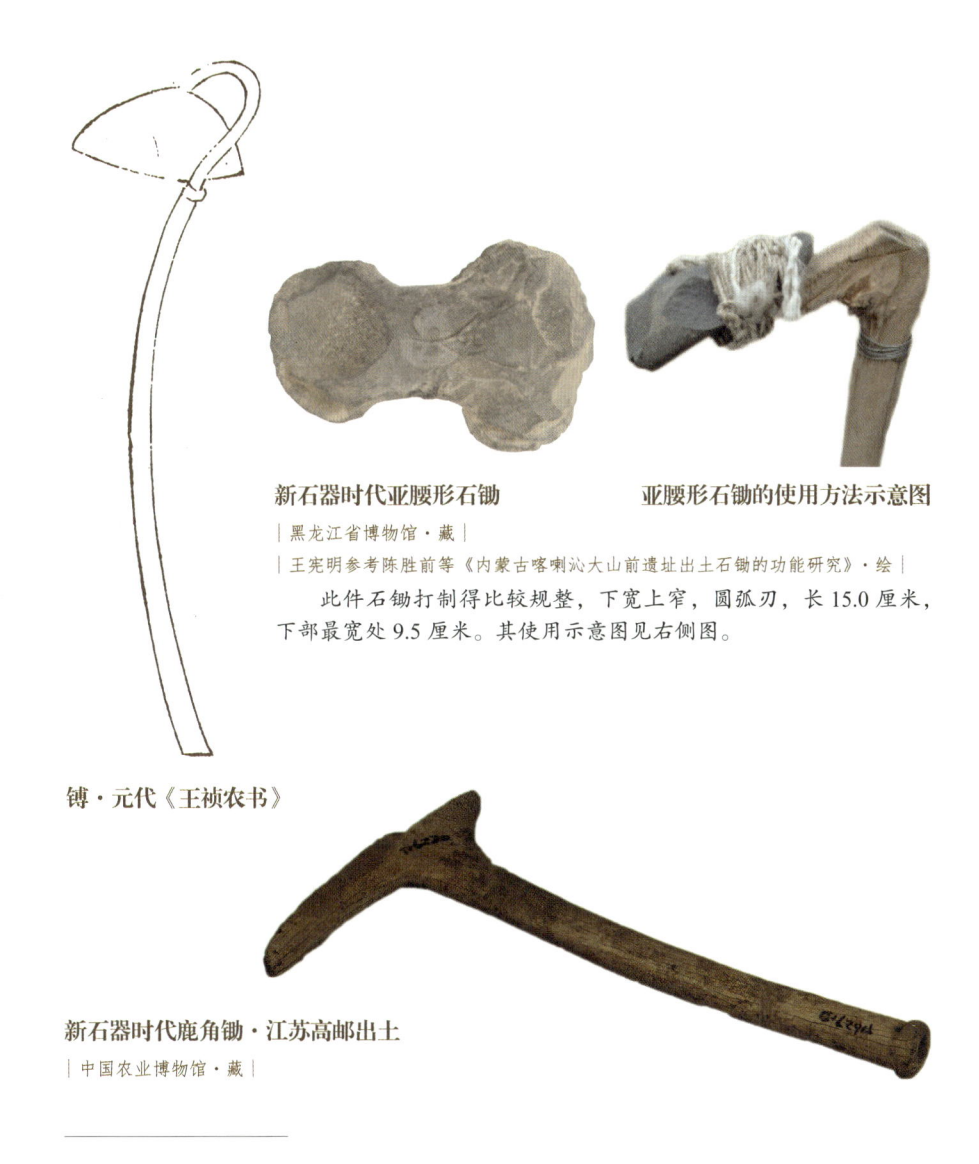

新石器时代亚腰形石锄
| 黑龙江省博物馆·藏 |

亚腰形石锄的使用方法示意图
| 王宪明参考陈胜前等《内蒙古喀喇沁大山前遗址出土石锄的功能研究》·绘 |

此件石锄打制得比较规整，下宽上窄，圆弧刃，长 15.0 厘米，下部最宽处 9.5 厘米。其使用示意图见右侧图。

镈·元代《王祯农书》

新石器时代鹿角锄·江苏高邮出土
| 中国农业博物馆·藏 |

---

[1] 陈胜前等. 内蒙古喀喇沁大山前遗址出土石锄的功能研究[J]. 人类学学报，2014，33（4）：120-131.

第三章　田间管理类农具

除了石锄，人们还就地取材，用木材或动物角等材料加工成锄。新石器时代北辛文化、大汶口文化等遗址出土了珍贵的鹿角锄。这些鹿角锄往往借助鹿角本身的形状，柄部平滑便于手握，角尖加工后做刃部使用。一直到近代，中国一些偏远地区和少数民族地区还在使用这类形制的锄头。这种锄较为短小，多适合蹲在田间劳作时使用。

商周时期出现了青铜锄。春秋战国以后，出现了铁锄。与此同时，少部分地区仍在使用石锄、鹿角锄等。作为精耕细作技术体系中重要的一环，中耕技术得以快速发展，锄作为一种典型的中耕农具，其形制也相应改进。战国后期，除常见的长条形铁锄外，还出现了凹口形和六角形铁锄。凹口形锄是在木锄刃部套一类似锸的金属刃，但其刃呈弧形，且两角外撇（锸的刃并不外撇），主要用于挖土整地。六角形锄则专用于松土锄草，是为顺应垄作法等而改进的新式农具。

商代亚腰形石锄·河北隆化三道营镇栲栳山商代遗址出土

| 中国农业博物馆·藏 |

战国六角铁锄·河北易县战国遗址出土

| 中国农业博物馆·藏 |

这种锄正面大致成六角形，体宽而薄，锄草功效较高，其两肩斜削，使用时不会碰伤庄稼，能够很好地与垄作法相适应，故一直沿用到西汉。这类铁锄在河北、湖南等地的战国遗址都有出土，河北兴隆县还出土了六角形铁锄范，说明其使用范围广、需求数量大。

第二节 锄

新石器时代北辛文化鹿角锄

| 滕州市博物馆·藏 |

独龙族鹤嘴式小木锄

| 王宪明参考陈胜前等《内蒙古喀喇沁大山前遗址出土石锄的功能研究》·绘 |

20世纪40年代,云南的独龙族还普遍使用利用树枝的天然勾曲部分制成的鹤嘴式小木锄——独龙语称之为"戈拉",来进行挖地、播种和培土、除草等农事活动。

  这一时期,中原地区出土锄的锄板和刃口多为铁制,锄銎为方口,贯穿板身,柄为木质。柄与锄板相互垂直。一般将柄嵌入銎中,辅以木楔加固。这样的组装方式简单高效,也更易于维修和更换。由于銎贯穿板身,板与柄间的连接更为牢固,因而具备了将柄加长、刃加宽的条件,这样一来人便可以站立在田间锄草,其功效较之前的小锄更高。农人在实际使用中,往往双手持柄,举高后仰,再借助其重力向下锄地、碎土或除草、培土,借助力量的惯性后,其操作更为省力,

第三章　田间管理类农具

可以事半功倍。

除了以上形制的锄，还有一类鹅脖式的"鹤头锄"，在湖北枣阳西汉遗址、河南禹州市宋代遗址等均有出土。在四川德阳东汉遗址出土的农作画像砖中也有体现。这种锄增加了鹅脖式的可直接装柄的铁质锄勾，通过锄勾将锄板和木柄连接。"鹤头锄"的锄板类似三角形，刃部平直。人站立使用时，锄刃可平贴地面、连续后切，锄草更为轻快便捷。《王祯农书》称之为耰（yōu）锄：

> 其刃如半月，比禾垄稍狭。上有短銎，以受锄钩。钩如鹅项，下带深袴，皆以铁为之，以受木柄。钩长二尺五寸，柄亦如之。

东汉农作画像砖（拓片）·四川德阳柏隆乡出土
|四川省博物院·藏|

画面三人为着短衣的劳动者，一人持锄板弯曲的大型鹤头锄在前松土，二人随其后播种。

第二节 锄

西汉铜锄·云南江川李家山出土
|中国农业博物馆·藏|

春秋时期长条形铜锄·云南楚雄万家坝出土
|中国农业博物馆·藏|

边陲地区锄的制式略有不同。

这两件在云南遗址中出土的铜锄，其器形与用途和中原地区的锄相似，但銎部结构不同，并非贯穿锄身，而是凸起于锄身正中，故此类锄为曲柄装置，需用带勾曲的树枝加工成横斫式的锄（类似于前文提到的亚腰形石锄）。这类青铜锄銎部往往饰有精美花纹，銎两侧刻有孔雀、牛头等动物，应当为祭器或随葬用的明器。

西汉鹤头锄·湖北枣阳西汉遗址出土
|胡泽学·供图|
|王宪明·绘|

081

第三章　田间管理类农具

至于使用范围,则是"北方陆田,举皆用此"。在山西六郎庙明代壁画中,也有鹤头锄的影子。这种锄一直沿用至今,只是有些地区将锄身加大,从三角形变为了半月形。

清代发明了旱地锄草保墒的神器——漏锄。这种锄比一般锄稍小,中间有较大孔隙。一来减轻锄身自重,使用时轻便省力;二来锄地时可以只切断土壤的毛细管,不把土全翻起来,在锄草、松土、除虫之外,还能起到保墒的作用。漏锄的出现,表明中国北方旱地农田中耕管理质量进一步提高,精耕细作水平达到了新高度,这在中国农具史上具有较为重要的意义。关中地区的部分农村至今仍在使用漏

明代老农与儿童图·山西六郎庙壁画
|王宪明·绘|

　　壁画中一位老者头戴草帽、肩扛锄头走在前方,锄头上系有食篮,身后跟有一个手提水罐的儿童和一只小狗,画面充满了田园情趣。其中老者所肩扛的锄头和山西现代的锄头并没有很大差别。可见锄头的形制在明代就已基本固定下来。

第二节　锄

近代漏锄

中国农业博物馆·藏

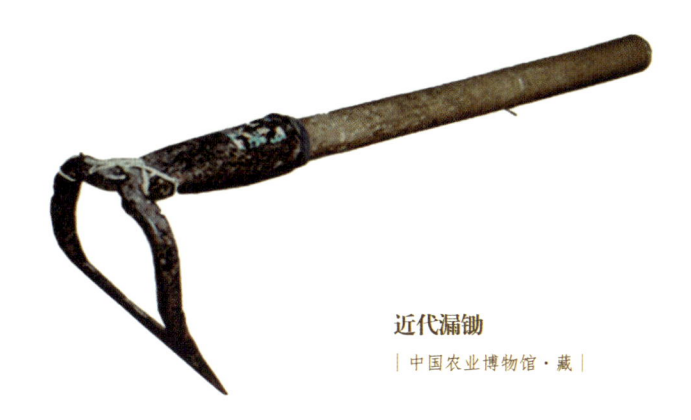

锄。其实，其造型和原理类似于前果皮刀，领先了国外此类工具的发明上百年。

这之后锄的形制未有大的变化，一直沿用至今。

三

以锄为代表的中耕农具，在提高土地肥力、促进粮食产量增长等方面发挥了巨大作用。人们以各种形式来表达对锄的喜爱和认可。农谚讲，"锄头下面有水又有肥"，就是说使用锄头松土除草，既能疏松土壤，抗旱保墒，又能为作物根部提高充足的氧气和营养，使得作物可以更好地生长。"不怕天旱，只怕锄头断"，更是表达了勤劳的人们只要有锄头这样的好工具，定能克服自然条件的困难。

人们对锄的大量使用，也使其成了田园和农耕生活场景中必不可少的一部分。试问谁不想过上陶渊明所描绘的"种豆南山下，草盛豆苗稀。晨兴理荒秽，带月荷锄归""夫耕于前，妻锄于后"的归园生活呢？又或是辛弃疾在《清平乐·村居》中所描绘的："茅檐低小，溪上青青草……大儿锄豆溪东，中儿正织鸡笼。最喜小儿亡赖，溪头正剥莲蓬。"

第三章　田间管理类农具

一家人田间劳作、共享天伦的生活场景，真是美哉。

尽管农业机械化快速发展，机械农具的使用已经非常普遍，也取代了大多数的传统农具。但在广大的农村地区，锄仍旧是常见的重要农具。在一些不适合机械耕作的地方，锄在松土、除草、施肥等田间管理过程中仍旧发挥着作用。

近代云南省丽江市石鼓镇月牙锄

近代薅锄

辽金铁锄板

|中国农业博物馆·藏|

辽金铁锄板的形制与今薅锄、月牙锄非常相似。

第二节　锄

《聘庞图》（局部）·明代倪端绘
|北京故宫博物院·藏|
|董蔚·拍摄|

　　东汉末年隐士庞德公有德操，躬耕襄阳岘山之南，荆州刺史刘表亲自前往礼聘，而德公不为所动，刘表叹息而还。图中庞德公执锄而立，神情淡然。锄在农耕社会的普遍性可见一斑。

第三节 耘荡

> 既胜耙锄，又代手足。
> 今创有一器曰耘荡，以代手足，工过数倍，宜普效之。
> ——元代《王祯农书》

一

耘荡，又称耘梢（tǎng）、梢耙（pà）、耘攩（tàng）等，是一种中耕除草农具，同时具有松土功能，至迟在宋元时期已经出现，明初开始在江浙地区普及。元代《王祯农书》载：

> 今创有一器曰耘荡，以代手足，工过数倍，宜普效之；耘荡，江浙之间新制也。形如木屐，而实长尺余，阔约三寸，底列短钉二十余枚，篡（sǔn）其上，以贯竹柄。柄长五尺余。耕田之际，农人执之推荡禾垄间草泥，使之溷（hùn）溺，则田可精熟，既胜耙锄，又代手足，况所耘田数，日复兼倍。

由此可知，元代这种农具在江浙还是"新制"，可能使用还不是很普遍。但是其"既胜耙锄，又代手足"，耘田除草功效之高，已引起一定重视。

二

元末至明初，应是耘荡的普及时期。从明代反映苏南太湖地区农业生产的著作《便民图纂》来看，当时耘荡已在江南广泛运用了。

耘荡的发明与南方水田精耕细作体系的发展息息相关。古人在长期的水稻种植中发现，定期除草、培土极为重要。"水耨"是最原始的除草方式，《史记·货殖列传》载："楚越之地，地广人希（稀）。饭稻羹鱼，或火耕而水耨。"唐代张守节注释："风草下种，苗生大而草生小，以水灌之，则草死而苗无损也。"即在禾苗已长大但杂草长势还比较弱的时候，用水灌入田中，这样杂草就会被闷死，禾苗却毫发无损，腐草还能成为禾苗的肥料，一举两得。《诗经》云："以薅荼蓼（tú liǎo），荼蓼朽止，黍稷茂止。"描述的就是杂草腐烂在田里，成为肥料，作物因而长势更加喜人。东汉时期四川、山东等地出土的大量画像砖石表明，当时的人们已经发展出薅秧除草等耕作技术。

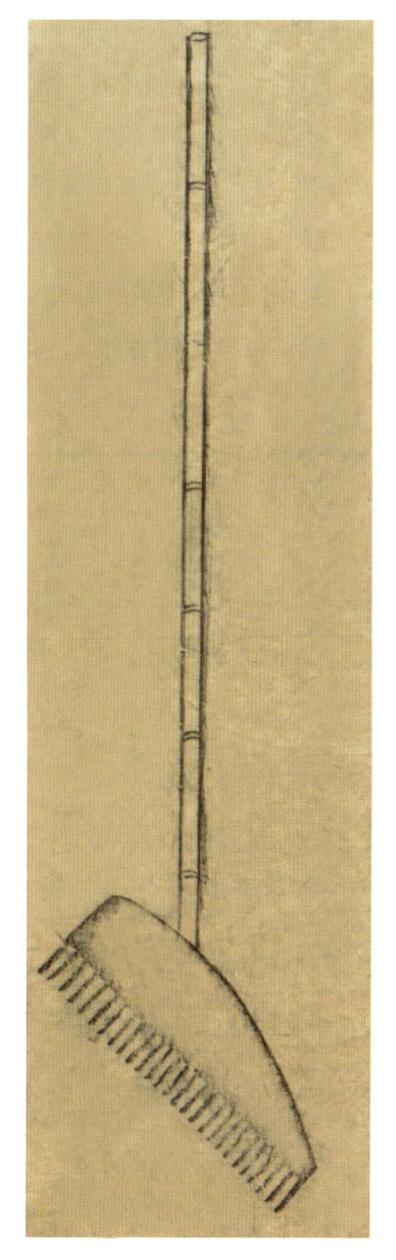

耘荡·元代《王祯农书》

第三章　田间管理类农具

唐代以后，伴随曲辕犁的大量使用，南方水田中的劳作功效和耕田质量得到提升；伴随北方旱地"耕—耙—耱"整地技术的进一步传播，南方水田耕作者也改进出以"耕—耙—耖"为核心的水田精耕细作技术。宋代《陈旉农书》载："不问草之有无，必徧（同'遍'）以手排摝（lù），务令稻根之傍，液液然而后已。"强调耘田不单单是为了除草，就算没有草，也要耘田，目的是把水稻根部附近的泥土耙松成液体泥浆，使土壤中空气得到更新，从而有利于根系生长。而从"以手排摝"，可知此时还是直接用手耘田。

手耘的劳动强度很大。明代宋应星言，"耘者苦在腰手，辨在两眸"，

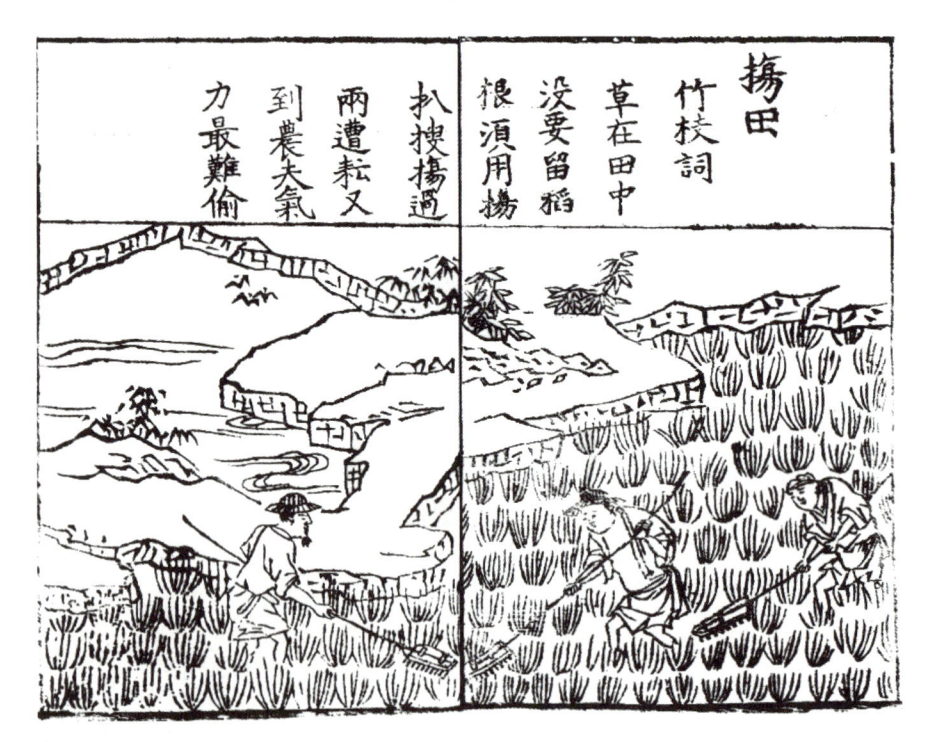

耥田　竹枝词
草在田中没要留，稻根须用耥
扒搜耥过，两遭耘又到，农夫气力最难偷

耥田图·明代邝璠《便民图纂》
　　图中绘有三人手持耘荡，站在田间耥田的场景，并附有《竹枝词》："草在田中没要留，稻根须用耥扒搜。耥过两遭耘又到，农夫气力最难偷。"可见，当时在太湖地区，耘荡已成为比较常见的水田除草工具。同时也可一窥耥田之艰辛。

第三节 耘荡

要求耘者眼到、身到和手到。中耕除草时节，正当全年最热的时候，田间劳作非常辛苦。元代《王祯农书》载：

> 尝见江东等处农家，皆以两手耘田，匍匐禾间，膝行而前，日曝于上，泥浸于下，诚可嗟悯……暑日流金，田水若沸。耘耔（zǐ）是力，粮莠是除。爬沙而指为之庋，伛偻而腰为之折，此耘苗之苦也。

其中，耘为除草，耔为培土，农人长期在水田中耕耘，手指在泥沙中泡坏，腰因长期弯曲而将折。清代纪端《耘田叹》曰：

汉代农事画像砖
|什邡博物馆·藏|

此画像砖长43.5厘米、宽25.5厘米、高6.5厘米。左边画面有两只悠闲的鸭子在觅食，两个头戴草帽的农民手持锄头翻土，其他人或用手在拔草，或在播种、插秧。可见此时这一地区的除草工作主要还是靠手。

第三章　田间管理类农具

东汉薅秧画像砖·四川成都新都区马家乡出土
|四川省博物院·藏|

此由薅秧和耕作两幅图画构成。左图为薅秧，两农夫均手持一棍在"薅脚秧"，即用木棍将杂草踩入泥里。这是蜀地的传统耕作方法，部分山区至今仍在沿用。

> 日晒背欲皱，虫咬血成乳。蹲身苗叶中，气咽不得吐。微风摇绿凉，其铦（xiān）能割股。苗草不两立，草势强如弩。一耘还再耘，尚嫌功莽卤。

描绘了稻田中耕除草时的恶劣环境：太阳热辣，蚊虫凶猛，稻苗锋利，杂草生命力偏又极旺盛，而一旦草旺苗就会弱，所以除草一次、两次都还嫌不够。足想见，耘田之不易。故而元代王祯《耘荡》诗叹，"愿将制度付国工，遍赐吾农资稼穑"，希望政府推广耘荡，以减轻农人耘田之苦，可见其悯农之心。

第三节 耘荡

耘荡的发明降低了除草的工作强度，提高了总体功效。使用时，农人站立田间，手一上一下握住耘荡立柄，推动木板在稻行间行走。木板下的短钉在搅烂田泥的同时，也把杂草切断并埋入泥中闷死。这一工具的发明，将农人的田间除草工作状态由过去的弯腰行进、手动耘田转变为直立前行、利用工具耘田，既保护了农人的腰椎、提高了功效，又在很大程度上降低了被稻叶划伤、蚊虫叮咬的概率，也避免了手部与湿泥长期接触而造成的皮肤溃烂。

在除草之外，耘荡也起到了中耕松土的作用。清代马一龙《农说》记：

> 耘荡虽以去草，实以固苗。固本者，要令其根深入土中，法在禾苗初旺之时，断去横面丝根，略燥根下土皮，俾（bǐ）顶根直生向下，则根深而气壮。

通过耘荡切断稻苗刚长出来的横根，来促使水稻的根系向土壤深处生长，有利于作物的茁壮发育、防风抗倒。耘荡可将深层除草与松土两项工作一起完成。

耘田时，农人需要推着耘荡在秧行里来回滑动。为减少滑动过程中农人头、手、腿等部位受到刮伤，人们发明了一些"特制"的保护工具，如竹马甲、竹裤、竹袖膊等。《南浔镇志》载：

> 耘者膝跪行于苗间，两手匍匐而前，细剔苗根之草，虑苗叶伤其胯，编竹片为帘，帘缚两股间，谓之耘田马盖，搗则横推，耘则直挩（liè），一纵一横，事交济而功递密

耘爪·元代《王祯农书》

第三章　田间管理类农具

也,然搘立而耘跪又当三伏烈日中,农夫劳悴无过斯时。

唐代发明了耘爪,可避免指甲被田中的泥沙磨损。元代《王祯农书》载:

> 其器用竹管,随手指大小截之,长可逾寸,削去一边,状如爪甲——或好坚利者,以铁为之——穿于指上;乃用耘田,以代指甲,犹鸟之用爪也。

耘爪是将竹管斜削成可套在手指上的指套,看起来像鸟爪子一样,主要在耘田时使用,以保护手指。但农人仍需弯腰于田间劳作,功效不及耘荡。

三

耘荡在部分南方地区沿用至今,结构没有大的变化,只对柄长、柄和底板间夹角、底板宽度、短钉数量及安装方式等进行了相应改善。此外,还发明了更为简便的秧刮、带滚钉的耘荡等,以更好地适应当地中耕需要。

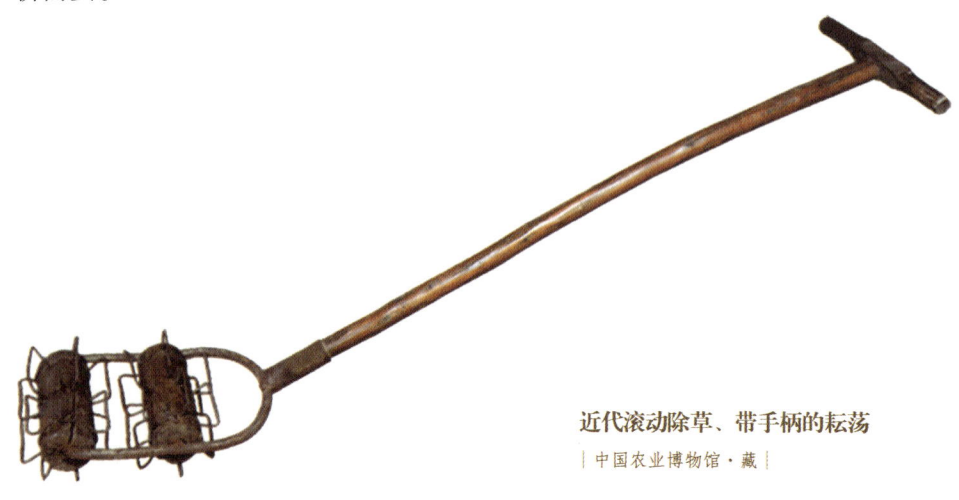

近代滚动除草、带手柄的耘荡

中国农业博物馆·藏

第三节 耘荡

耘·古今图书集成图纂，内府全图，农事卷，清刊本，黑白版

第四章 灌溉类农具

> 短绠长瓶高下飞,老农雨汗红淋漓。
>
> ——宋代程珌(bì)《汲井溉田民亦劳止歌以相之》

为了更高效地提水、灌溉农田,我国先民创造了种类繁多的灌溉农具。早期人们以瓮取水,后来发明了两人拉绳、牵斗取水的提水工具戽斗。至迟在春秋战国时期发明"引之则俯,舍之则仰"的桔槔,汉代的提水深度则更深、"取其圆转"的辘轳开始应用于农田灌溉。至迟到东汉,发明了人力翻车这一灌溉农具发展史上具有划时代意义的农具,"龙骨车鸣如水塘,雨来犹可望丰穰",人力翻车开辟了人类使用水利机械的先例,促进了人类农业的进步。唐代出现筒车,结构简单,以流水推动,至今在我国南方丘陵河溪水力丰富的地方还有使用。宋元时期,筒车发展演变成水转高车,可利用水力将水送到高处进行灌溉,以适应不同农田灌溉的需要。

在这些工具的帮助下,农田灌溉实现了"昼夜不息,百亩无忧",对农业生产起到了很大的促进作用。

第一节 桔槔

> 引之则俯,舍之则仰。
>
> 江边日晚潮烟上,树里鸦鸦桔槔响。
>
> ——唐代陆龟蒙《江边》

一

中国最早有文字记载的提水工具是戽(hù)斗。其原理非常简单,就地取材,以竹或木做一上大下小的斗,两边各系一绳,两人相对而立,双手拉绳,有节奏地将水从沟塘戽上高处的田中,或者将水由一块田戽到另一块田,兼具排涝和灌溉双重功能。因其独特外形被称为"地包天"。戽斗在使用中主要依靠人力,只适于在靠近水源、落差不大的地方使用,且需两人配合发力,单次排灌面积小、功效低,胜在轻巧。

伴随大型水利工程、园圃农业的发展以及旱作地区凿井技术的不断提高,约在春秋战国时期,古代先民发明了更先进的排灌工具——桔槔(jié gāo),综合运用了杠杆、动势能转化等多项科学原理。桔槔的形制多为在井旁的树上或支架上挂一长横杆作杠杆,杆的一端系水桶,一端坠大石块,一起一落,便可提取浅井或河塘里的水,只需一人便可操作,功效明显高于戽斗。

第四章　灌溉类农具

戽斗·古今图书集成图纂，内府全图，农事卷，清刊本，黑白版

二

对桔槔的记载始见于《墨子·备城门》，写作"颉皋"，作武器使用。《庄子·天运》载："且子独不见夫桔槔者乎？引之则俯，舍之则仰。"即松开一端，另一端便俯身临近水面，拉下一端，另一端便高高仰起。《庄子·天地》还记载了孔子门徒子贡，教汉阴（今陕西南部地区）抱瓮灌田的老农使用桔槔的故事：

> 有械于此，一日浸百畦，用力甚寡而见功多……凿木为机，后重前轻，挈（xié）水若抽，数如泆（yì）汤，其名为槔。

可知在子贡的描述中，桔槔提水时速度快得犹如沸腾的水向外溢出，达"一日浸百畦"，足见其灌溉功效之高。又可据此得知，当时桔槔还未作为灌溉工具广泛使用，汉阴地区尚多采用"凿隧而入井，抱瓮而出灌"的方法。

到汉代，桔槔已得到广泛应用。西汉《说苑·反质》载：

> 卫有五丈夫，俱负缸而入井灌韭，终日一区。邓析过，下车为教之，曰"机重其后，轻其前，名曰桥，终日灌韭，百区不倦"。

邓析是春秋时期郑国大夫，他向抱着大缸灌溉菜园的五个农夫推荐了一种前轻后重的机器——桥，桥可终日灌溉，不知疲倦，省力高效。这便是"五丈灌韭"典故，里面出现的"桥"即指桔槔。由于桔槔多为木制或竹制，且常年沾水，加之木头易腐，至今未有春秋战国至秦汉时期的桔槔实物出土。山东济宁地区出土了大量带有桔槔图案的汉代画像石，描绘了桔槔的使用场景和使用方式，可以得见古代桔槔的真面目。

第四章　灌溉类农具

另,这些画像石的大量出现,也说明当时桔槔已经在山东地区得到广泛应用。

宋代《集韵·屑韵》载:"木絜槔,汲水器,或从絜。"元代《王祯农书》引用《说文》描述道:

> 挈水械也。《说文》曰:"桔,结也,所以固属。槔,皋也,所以利转。"

桔是竖向不动的木柱,槔是安装在桔上的那根横杆,以适当的方式与桔铰接。槔前端悬挂水桶,后端系重物。汲水时,将水桶投入水中,后端的重物便被抬起,人在水桶端施加的压力和重物自身重力所做的功,使后端重物具有了势能;当人将水桶灌满往上提时,在前述势能的基础上,又通过杠杆给后端重物施加了加速度,所以能更轻松将水桶提上来。《王祯农书》称其"今濒水灌园之家多置之,实古今通用之器,用力少而见功多者",明代宋应星《天工开物》中亦有专门记载。一直到近现代,桔槔的搭建原理、形制、操作方法等也没有发生太大改变。

在杠杆、势能等机械原理综合作用下,桔槔的灌溉功效比传统的人工灌溉提高许多:一是汲水更为省时省力;二是通过调整横杆长度,可调整灌溉范围;三是适用场景更广,既可用于天然河湖溪坝等水域的提水,也可用于苗圃林田等地域的井灌。桔槔大大提升了农田生产力,尤其是那些远离天然河流、需要持罐抱水灌溉的农田。由于河湖具有自流灌溉的有利条件更多,桔槔更多用于井灌,因而对井灌工程的发展有所促进。在陕西西安张家坡西周遗址、湖南澧县大坪乡东周遗址、燕国蓟城战国遗址等发现的一些井群,井深数米,也许与桔槔的推广应用相关。

历史上还有许多关于桔槔用于非农事活动的记载。如《吕氏春秋·过理》曰"雕柱而桔诸侯",汉代高诱注释:"雕画高柱,施桔槔于

桔橰

墜石

井

桔橰·明代宋应星《天工开物》

第四章　灌溉类农具

汉代桔槔图画像石·山东嘉祥武梁祠前室
|山东嘉祥县博物馆·藏|

其端，举诸侯而上下之。"是说桔槔可以像升降机一样，把诸侯举上压下。宋裴骃《史记集解》载有：

> 作高木橹，橹上作桔槔，桔槔头兜零，以薪置其中，谓之烽。常低之，有寇即火然举之以相告。

这么一看，还可用桔槔放"信号弹"：在桔槔端部加一兜笼，内放柴火，平时在低处，敌人来袭时将柴火点燃，并将兜笼升至高处，以提醒众人。由此可知，桔槔不仅是现代起重机的前身，或还是现代升降机的前身。

三

桔槔，取材容易、搭建简便、使用高效、应用广泛，与农人关系十分紧密，因而桔槔俯仰取水成为田园农事中最为常见的场景。

唐王维《春园即事》诗曰：

> 开畦分白水，间柳发红桃。草际成棋局，林端举桔槔。

描绘了春季园圃风光与农事，可知桔槔亦可在林间使用。

王维《辋川闲居》诗曰：

> ……
>
> 青菰临水拔，白鸟向山翻。寂寞於陵子，桔槔方灌园。

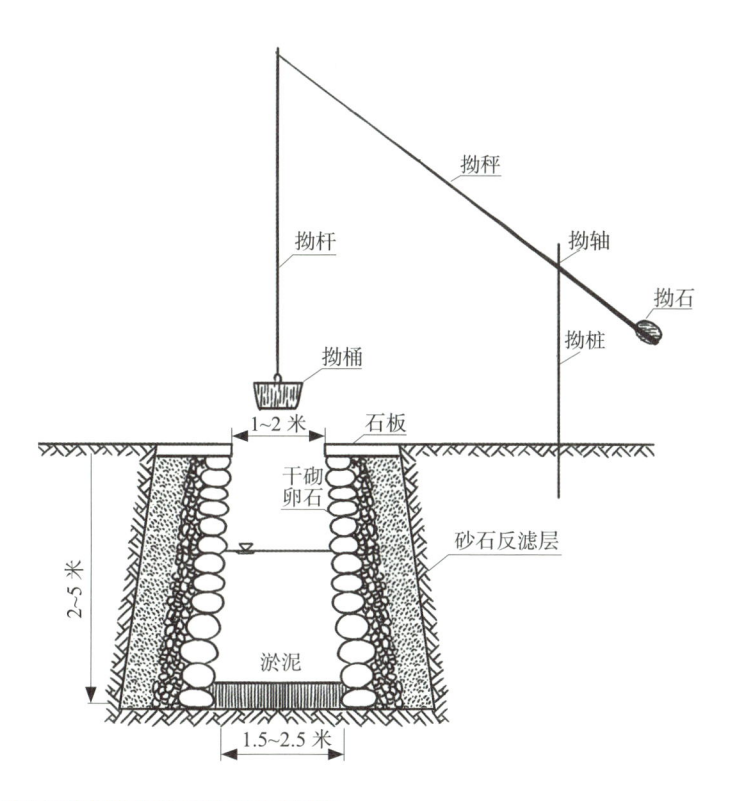

浙江诸暨地区的桔槔井灌工程剖面示意图
| 王宪明参考《中国三个项目入选世界灌溉工程遗产》·绘 |

浙江诸暨地区的桔槔井灌历史可追溯至南宋，且至今仍在作为灌溉工程使用，"诸暨桔槔井灌工程"于2015年入选世界灌溉工程遗产[1]，堪称灌溉文明的活化石。

---

[1] 李云鹏. 浙江诸暨桔槔井灌工程遗产及其价值研究[J]. 中国水利水电科学研究院学报，2016（06）：39-44.

第四章　灌溉类农具

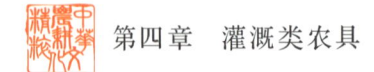

描绘了闲居在辋川时，以桔槔灌园、悠闲自得的乡村生活。

唐陆龟蒙《江边》诗曰：

江边日晚潮烟上，树里鸦鸦桔槔响。

无因得似灌园翁，十亩春蔬一藜杖。

描绘了农人纷纷用桔槔灌溉田园的景象，且赞一根藜杖（即横杆）便可灌溉十亩田园，其功效之高可见一斑。

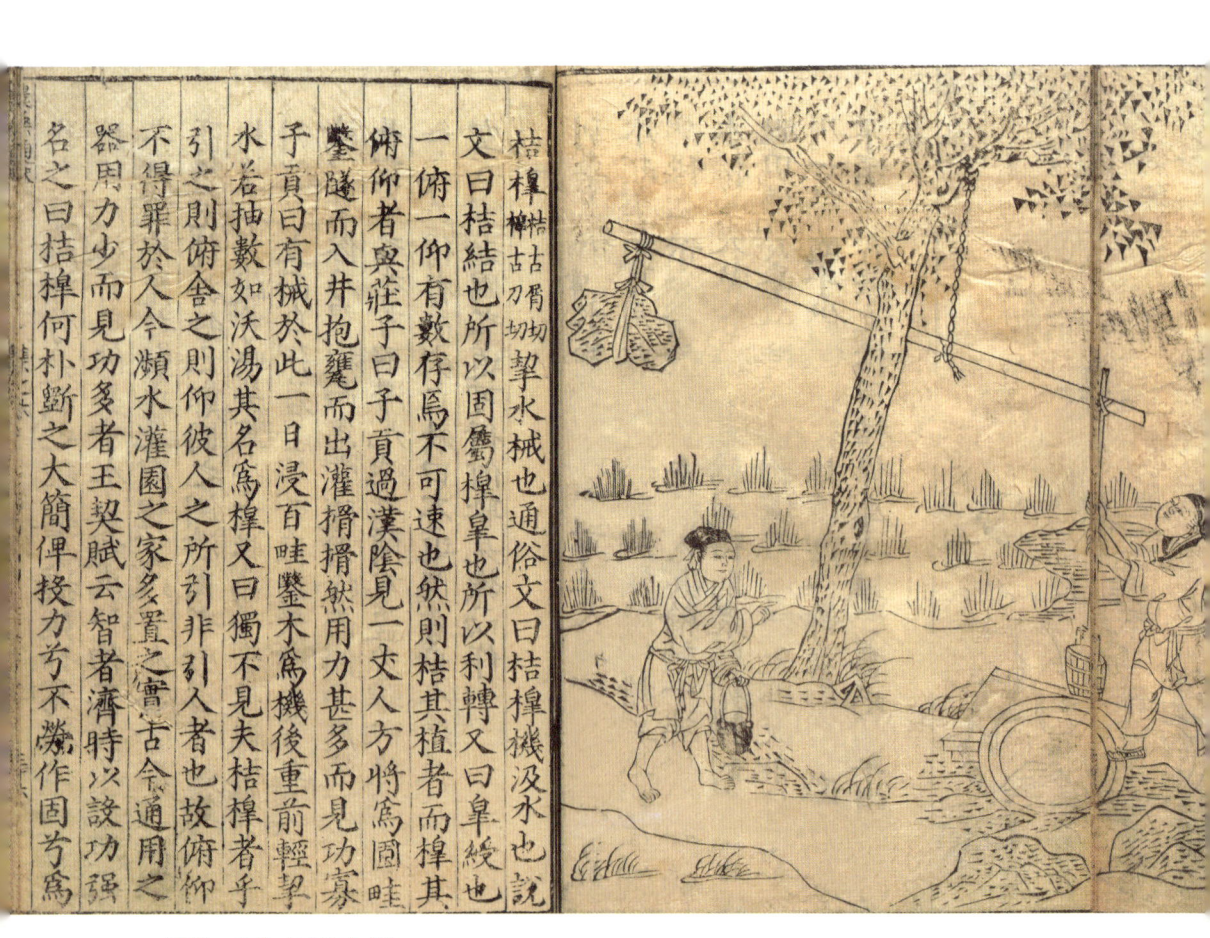

桔槔·元代《王祯农书》

第二节 辘轳

> 缠绳于毂[①]，引取汲器。
> 井深用辘轳，井浅用桔槔。
> ——北魏贾思勰《齐民要术》

一

桔槔虽好用，但提取水的深度有限，当水太深时则无法使用。伴随农田灌溉技术的发展，秦汉之后，只适宜浅井提水的桔槔已不能适应新的需求。至迟到汉代，出现了另一种提水工具——辘轳（lù lu）。

西汉陶竖井·河南省洛阳市烧沟汉代遗址出土
| 中国国家博物馆·藏 |
| 王宪明·绘 |

此件陶井高47.8厘米，井栏为仿木建筑结构，呈立体长方形，栏口模印鱼、鳖、耳杯，栏上模印人兽相搏的浮雕花纹，还附有汲水的尖底瓶、水槽、辘轳等，非常精美。

---

① 毂（gù），指轮中心的圆木。

第四章　灌溉类农具

这是一种通过摇转辘轳来带动绳索提升水桶，通过轮轴原理来改变力的作用方向、加大提水深度的灌溉工具。

二

"辘轳"一词最早见于《墨子·备高临》，写作"鹿卢"，乃是一种有滑轮的起重装置，而非农用提水工具。西汉王褒《僮约》有"削治鹿盧"句，其中"鹿盧"即辘轳。东汉郑玄注《礼记·檀弓下》："丰碑，斫大木为之，形如石碑，于椁前后四角树之，穿中于间为鹿卢。"其中鹿卢即辘轳。北魏贾思勰《齐民要术》载："井别作桔槔、辘轳。井深用辘轳，井浅用桔槔。"说明桔槔、辘轳同为汲水器，其适用深度有所不同，前者适用于浅井，后者可用于深井。明代罗颀《物原》说："史佚始作辘轳。"史佚是西周初年的太史官，但此说并无实证。

辘轳汲水图·汉代画像石（拓片），山东嘉祥宋山祠堂
|山东嘉祥县博物馆·藏|

第二节 辘轳

文物方面，山东、四川等地出土的汉代画像砖上有辘轳提取水或者井盐的画面，河南、山东等各地汉墓出土了许多附有滑轮井架的陶水井模型，说明汉代辘轳已经在这些地区得到大范围推广使用。也可表明井灌是汉代农业灌溉的重要方式，辘轳除用于农业灌溉外，还可供日常生活提水、矿井提升等使用。

需要指出的是，早期的这些辘轳多指定滑轮，也就是后世所称的"滑车"。其特点是使用时改变力的方向，但并不省力。其结构多是以圆轴架于固定支撑之上，在圆轴中间位置放置一个轮子，再用一端系有汲水器的绳索绕过这个轮子，便可以改变力的方向。因没有轮轴外侧的曲柄，故作用力的大小没有改变，只是改变了力的方向，故也被称为"定滑轮辘轳"。南朝刘义庆《世说新语》载：

次日作危语。桓曰："矛头淅米剑头炊。"殷曰："百岁老

制盐图·东汉画像砖（拓片），四川省邛崃市花牌坊出土

| 四川博物院·藏 |

画面左下角为辘轳提升井盐场景。

第四章 灌溉类农具

翁攀枯枝。"顾曰:"井上辘轳卧婴儿。"殷有一参军在坐,云:"盲人骑瞎马,夜半临深池。"

这里记录了画家顾恺之和三个朋友开玩笑,看谁说的场景最危险,谁就获胜。他举的例子就是"井上辘轳卧婴儿",试想可爱无辜的婴儿卧在辘轳上随时都有可能滚到深井中,真可谓千钧一发。但是我们暂时还搞不清楚,这个辘轳到底是定滑轮辘轳,还是后世常见的单曲柄手摇式辘轳。实际情况是,汉代之后很长一段历史时期内,并未留下确凿的有关单曲柄辘轳的图像资料。

有学者提出,北宋张择端《清明上河图》中圆口井上所绘制的辘轳就是单曲柄辘轳,"如果按目前一般认为的该画作于北宋政和至宣和年间的话,即1111年到1125年,那么中国出现单曲柄辘轳的年代又可以提

东汉庖厨图·山东诸城前凉台东汉画像石墓出土

|山东省石刻艺术博物馆·藏|

图左侧的中上部可见一人正在使用辘轳汲水。

第二节 辘轳

汲水图·辽宁辽阳三道壕西汉墓葬壁画

|王宪明参考史晓雷《我国单曲柄辘轳普遍应用的年代考》·绘|

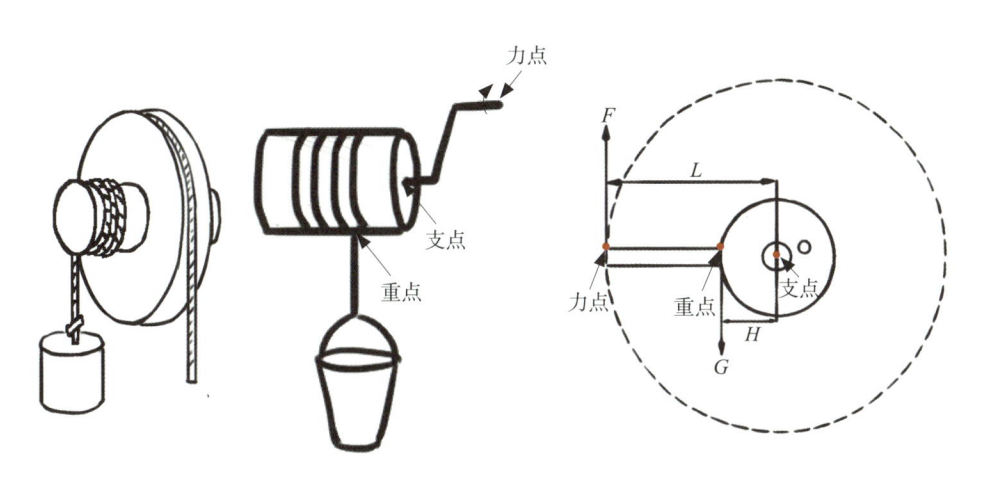

辘轳杠杆原理示意图

|王宪明·绘|

  轮轴是支点在力点和重点之间的杠杆。以一组简单的计算，介绍辘轳的省力原理：

  假设水桶的重量为 G，手摇柄用力为 F，辘轳轮的半径为 H，力点到中心轴的距离（即手摇柄长度）为 L。根据杠杆原理则有：$FL=GH$，因此 $F=GH/L$，如果 L 为 H 的两倍，那么提升水桶所用力就为水桶重量的一半。但是 L 又不能大于 H 太多，否则人操作就会很不方便（要转很多圈）。所以总体而言，曲柄辘轳省力，但是费距离。

第四章　灌溉类农具

前到北宋末了"①。《清明上河图》中的手摇式辘轳，证明至少在北宋末年，手摇式辘轳已经被发明出来，并广泛用于井灌和农业生产，因而得以出现在传世名画中。由此可知，手摇式辘轳的发明到北宋末至少已有接近一千年的历史。

此外，山西地区出土的宋金时期墓葬群中较多地出现了单曲柄辘轳的图像，说明这一时期单曲柄辘轳在山西也较为常见。其中，山西屯留宋村金代壁画墓（纪年为金太宗天会十三年，即 1135 年）出土了中国目前为止最早的具有明确纪年的单曲柄辘轳形象，且其形制与现代辘轳无异。

最早提到"辘轳"用作提水的可能是创作于秦汉时期的《仓颉篇》，写作"椟栌"，注"三辅举水具也"，但没有具体介绍。元代《王祯农书》详细记载了辘轳的结构：

> 辘轳，缠绠械也……井上立架置轴，贯以长毂（gǔ），其顶嵌以曲木，人乃用手掉转，缠绠於（于）毂，引取汲器。或用双绠而逆顺交转所悬之器，虚者下，盈者上，更相上下，次第不辍，见功甚速。凡汲于井上，取其俯仰则桔槔，取其圆转则辘轳，皆汲水械也。然桔槔绠短而汲浅，独辘轳深浅俱适其宜也。

这段话描述了单曲柄辘轳的基本构造，还介绍了辘轳的使用方法和适用范围，并赞之深浅皆宜。此外，《王祯农书》已将辘轳与滑车分作不同农具分别介绍；书中所附插图是一架单曲柄手摇辘轳，其形制、结构与现代辘轳几近无异。

除单柄手摇辘轳外，元代《王祯农书》还介绍了双辘轳，即在同一

---

① 史晓雷. 中国单曲柄辘轳普遍应用的年代考［J］. 农业考古，2010（04）：170-174+190.

第二节 辘轳

辘轳上装上两条绳子,向相反方向缠绕,下端各系一个汲器。近代称这种双辘轳为"鸳鸯辘轳"。这种辘轳有两个优点:一是省去了空桶下放的时间,提高了功效;二是空桶一端能平衡另一根绳子所系满桶的部分重量,因而更加省力,且逐步扩展应用到提升泥土、矿石等场景。

清明上河图中的单曲柄辘轳
| 王宪明参考陈文华《试论我国农具史上的几个问题》·绘 |

辘轳·金代壁画,山西屯留宋村金代壁画墓东壁右侧壁画
| 参考王鹏飞《山西壁画中的传统农具(宋—清)硕士学位论文》·绘 |

壁画中一位妇人挑着扁担,右侧水井旁设有井架和曲柄辘轳,形制清晰:一端为X形支架,上方横架着辘轳头,一端连着曲柄摇杆,下方挂着汲水器,其形制与现代辘轳无异。

第四章　灌溉类农具

三

　　一直到近代，单柄手摇式辘轳仍然是许多地区广受欢迎的灌溉农具，特别是在北方井灌地区及菜园苗圃中，它较好地解决了深井提水问题。其结构、原理一直未有大的改变。正如农具研究专家周昕所说："辘轳的发明和运用，同桔槔一起，构筑了中国农村多年园圃灌溉的统治局

汲水及炊事图
｜王宪明参考张德光《山西绛县裴家堡古墓清理简报》·绘｜

面，成为旱地井灌的传统灌溉农具。"[1]

在一千余年的辘轳使用历史中，由于井边打水的多为女性，而辘轳的循环往复又与思念的辗转反复相通，女子手里摇动着辘轳，脑中辗转着情思，真可谓"辘轳一转一惆怅"，古代往往用"辘轳"来象征女子的相思之情。如南北朝吴均的"玉栏金井牵辘轳"，唐代戴叔伦"井深辘轳嗟绠短，衣带相思日应缓"，清代纳兰性德"正是辘轳金井，满砌落花红冷"等。其中，五代南唐末代君主李煜的《采桑子·辘轳金井梧桐晚》最为忧伤：

辘轳金井梧桐晚，几树惊秋。昼雨新愁，百尺虾须在玉钩。
琼窗春断双蛾皱，回首边头。欲寄鳞游，九曲寒波不溯流。
……

描绘出深秋时节，雨后梧桐下，辘轳金井旁，闺中妇女在孤独寂寞中苦苦守望的场景。

时至今日，辘轳还在一些农村的水井上方，默默地转动着。

---

[1] 周昕.《中国农具通史》[M]. 济南：山东科学技术出版社，2010.

辘轳·古今图书集成图纂，内府全图，农事卷，清刊本，黑白版

第三节 翻车

> 从今垄首浇田浪,都自乌犍领上来。
>
> 翻翻联联衔尾鸦,荦荦确确蜕骨蛇。分畦翠浪走云阵,刺水绿秧抽稻芽。
>
> ——宋代苏轼《无锡道中赋水车》

桔槔、辘轳的创造是提水工具发展史上的一大进步,解决了从井里提水的问题,但总提水量有限,难以解决旱地和山地缺水的问题。为了适应陂渠提水的需要,至迟在东汉时期,利用齿轮和链唧筒原理汲水的大型灌溉器具翻车应运而生。

一

翻车,又叫"水车""龙骨水车""水蜈蚣"等。最早与之有关的文字出现在南朝范晔《后汉书·张让传》中:

> 又使掖廷令毕岚铸铜人……又作翻车渴乌,施于桥西,用洒南北郊路,以省百姓洒道之费。

毕岚是东汉末年宦官,位列十常侍之一。作为宦官,毕岚朋比为奸,祸乱朝纲,但他发明的翻车却实实在在造福了百姓。只是这一时期

第四章　灌溉类农具

的翻车只用于浇洒道路,未用于农田灌溉。到三国魏明帝时,马钧将翻车改良,其操作更加轻便,功效大为提高,并开始用于城内的园圃灌溉。《三国志·杜夔(kuí)传》记载:

> 时有扶风马钧,巧思绝世,傅玄序之曰……居京都,城内有地,可以为园,患无水以灌之,乃作翻车,令童儿转之,而灌水自覆。更入更出,其巧百倍于常。

可知马钧制作的龙骨水车主要利用人力,儿童亦可转之,可见是比较省力轻便。

或许是由于北方为旱作地区,作物多是喜燥恶湿,江河湖泊、地表水比较少等原因,翻车发明之初,面临着北方无水可翻,也没必要翻的处境。而这一时期南方地区的经济与农业尚未发展起来,翻车也没有太多用武之地。这就导致翻车在历史中沉寂了500余年。一直到南方稻作经济开始发展,水稻生产对水的需求量大,推动了翻车这种高效排灌工具的生产;同时机械制造技术也在不断进步,自唐代以后,翻车又开始引起世人关注。据记述唐代典章制度沿革变迁的《唐会要》记载:

近代浙江永康龙骨水车
中国农业博物馆·藏

第三节 翻车

> 内出水车样[1]，令京兆府造水车。散给沿郑白渠百姓，以溉水田。

即内务府将翻车式样发给京兆府，令该府照着这个式样制造后发放给郑渠、白渠一带的百姓，以汲水灌溉。说明这一时期，翻车作为灌溉器具的作用得到了官方认可，这为之后翻车得到更大范围的运用与推广，以及后续结构上的数次迭代更新奠定了基础。这段文字也是翻车自发明后，历经魏晋南北朝、隋朝直至晚唐数百年的沉寂后，首次见诸正史[2]。

此外，翻车在水田中发挥的重要作用，也被日本方面记录下来。日本天长六年（即唐大和三年，829年）五月《太政府符》载：

> 耕种之利，水田为本。水田为难，尤其旱损。传闻唐国之风，渠堰不便之处，多构水车。无水之地，以斯不失其利……其以手转足踏、服牛回，备随便宜。若有贫乏之辈，不堪作备者，国司作给。经用破损，随亦修理。其料用救急稻……[3]

不难发现，唐代翻车使用范围广泛，不便建沟渠又需要引水、排涝的地方多架上了翻车，以满足农田用水、排水的需要。国家对买不起翻车的农户施行配发，还出现了手转、足踏、牛拉等类型。其中，唐代的牛转翻车是中国最早的畜力翻车。相比于人力翻车，牛转翻车汲水量大，但却必须提供相应的畜力，这也是普通农人不容易做到的，所以畜力翻车只在中国经济发展较好的东南一带农家使用较多。

与人力翻车相比，牛转翻车在结构上增加了牛牵引的横向齿轮和传导牵引力的纵向齿轮。其工作原理是利用牛力带动横向齿轮，横向齿轮

---

[1] 指唐代宗大历二年（767 年）。
[2] 方立松. 中国传统水车研究 [D]. 南京：南京农业大学，2013.
[3] 唐耕耦. 唐代水车的使用与推广 [J]. 文史哲，1978（04）：74–77.

決水復沉禾
農候生用莊
桔橰取諸井
翻車取諸塘
香者人分曝
脊那乘涼粒
食如乞鄰字解
嗟何郎

灌溉·《耕织图》，南宋楼璹原作，元代程棨临摹（传）
| 美国华盛顿赛克勒美术馆·藏 |

第四章　灌溉类农具

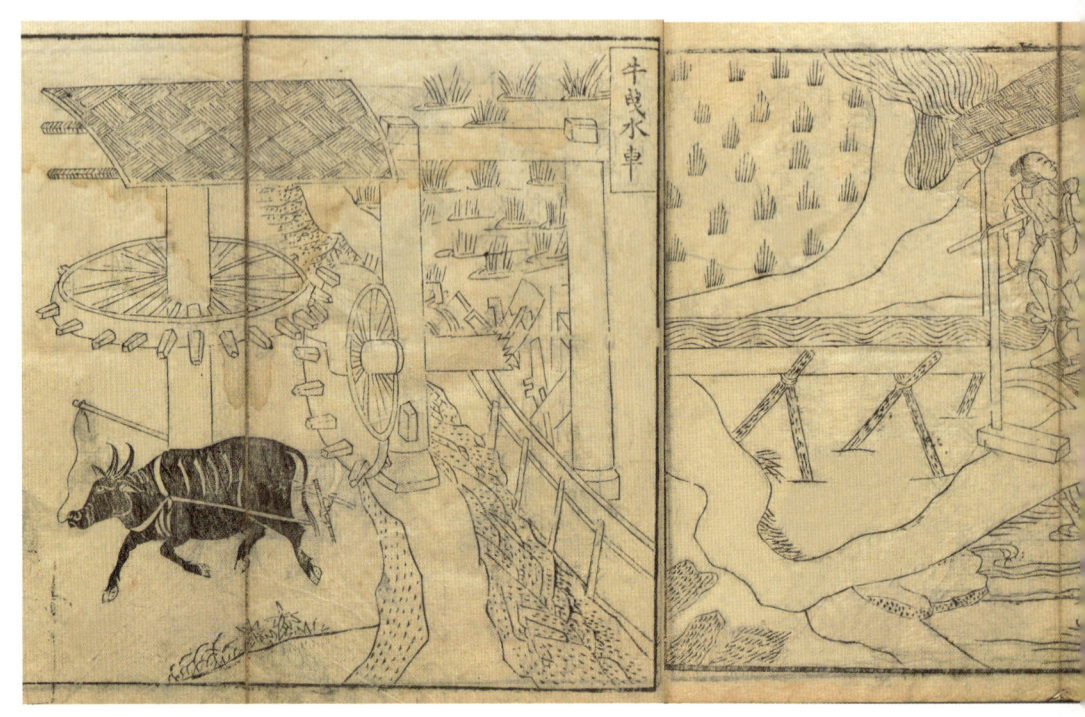

牛转翻车、翻车和水转翻车·元代《王祯农书》

《王祯农书》载："其车比水转翻车卧轮之制，但去下轮，置于车旁岸上，用牛曳转轮轴，则翻车随转"，认为其"比人踏，功将倍之""省工力"。

的转动将力传导至纵向齿轮，再由轴传导至翻车上，带动翻车转动，从而令刮水板周而复始地汲水并上升，实现灌溉之效。

《王祯农书》赞其"日日车头踏万回，重劳人力亦堪哀。从今垄首浇田浪，都自乌犍领上来"，"乌犍"即指耕牛。

元代《王祯农书》详细记载了人力翻车、牛转翻车等的构造，以最为常见的人力脚踏翻车为例：

> 其车之制，除压栏木及列槛桩外，车身用板作槽，长可二丈①，阔则不等，或四寸，至七寸，高约一尺。槽中架行道板一

---

① 根据邱隆《中国历代度量衡单位量值表及说明》，元代1丈约为现在的3.5米。

第三节 翻车

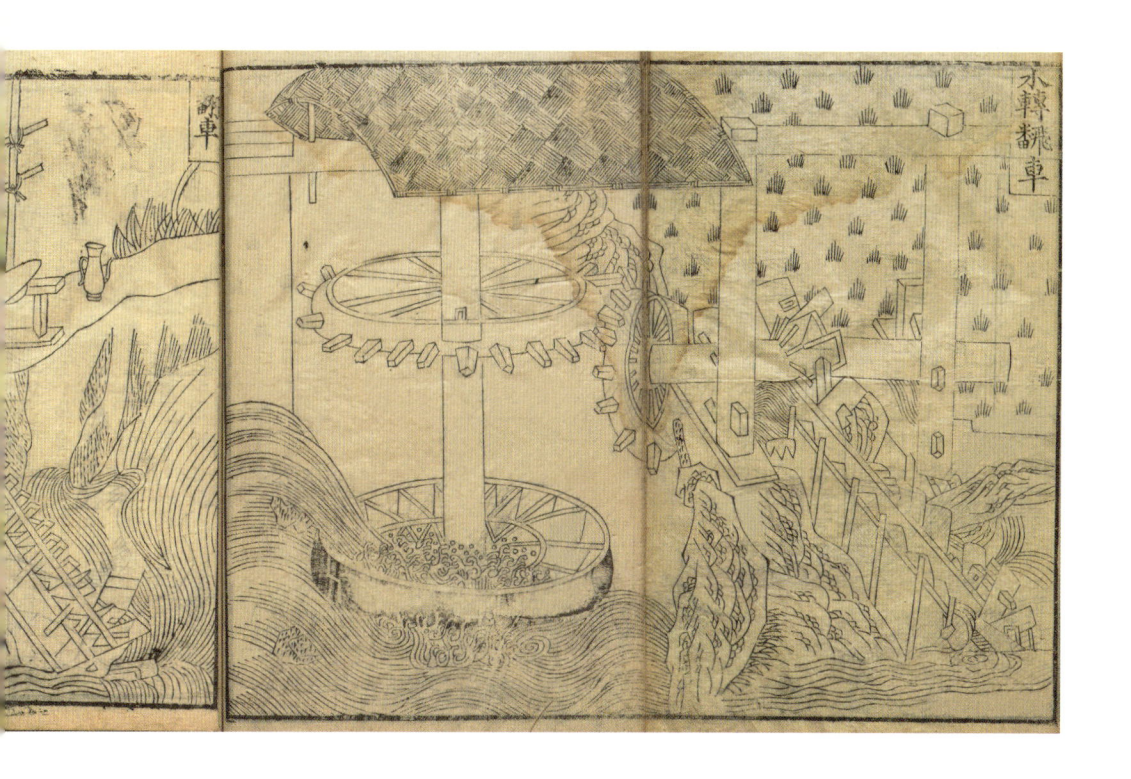

条，随槽阔狭，比槽板两头俱短一尺，用置大小轮轴。同行道板上下通周以龙骨板叶。其在上大轴，两端各带拐木四茎，置于岸上木架之间。人凭架上，踏动拐木，则龙骨板随转，循环行道板刮水上岸。此车关棙颇多，必用木匠，可易成造。

可知翻车的制作非常复杂，由很多尺寸不一的零部件拼装而成：中间为二丈长、一尺高、宽四到七寸的木板槽，槽内以木链串联着许多形似龙骨的木板叶（即刮水板），与槽上端的大轮轴、下端的小轮轴连在一起，大轮轴架在门形支架上，两侧设置了脚踩拐木。主要构件包括传动用的大小轮轴、运水的刮水板和支架等。并且，如果高差很大，可以

121

第四章　灌溉类农具

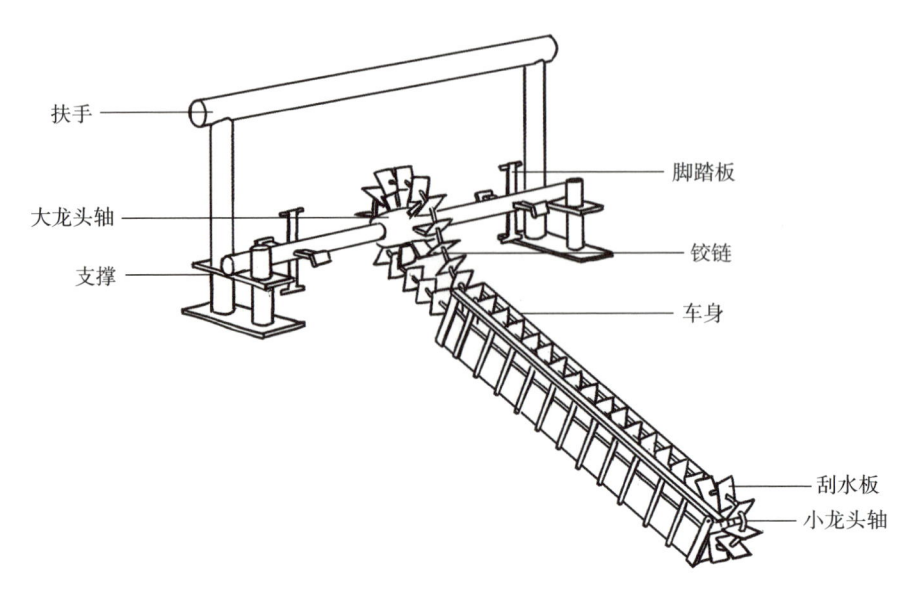

脚踏翻车整体结构及名称示意图
| 王宪明参考方立松《中国传统水车研究》·绘 |

用多级输送的方式来供水，即"可用三车，中间小池，倒水上之"，甚为巧妙。主要利用踩踏的力量带动大轮轴，产生转动，并将力传递给刮水板链，链的运转再带动小轮轴乃至水的流动，实现水往高处流，总体灵活高效。元代《王祯农书》赞之"水具中机械巧捷，惟此为最"。

《王祯农书》载："水转翻车，其制与人踏翻车俱同。但于流水岸边，掘一狭堑，置车于内，车之踏轴外端，作一竖轮，竖轮之傍，架木立轴，置二卧轮，其上轮适与车头竖轮辐支相间，乃擗水傍激，下轮既转；则上轮随拨车头竖轮，而翻车随转，倒水上岸。此是卧轮之制。若作立轮，当别置水激立轮，其轮辐之末，复作小轮，辐头稍阔，以拨车头竖轮，此立轮之法也。然亦当视其水势，随宜用之。其日夜不止，绝胜踏车。"对水转翻车的形制、种类做了详细介绍。

第三节 翻车

卧轮

竖轮

水车

牛转翻车结构及名称示意图

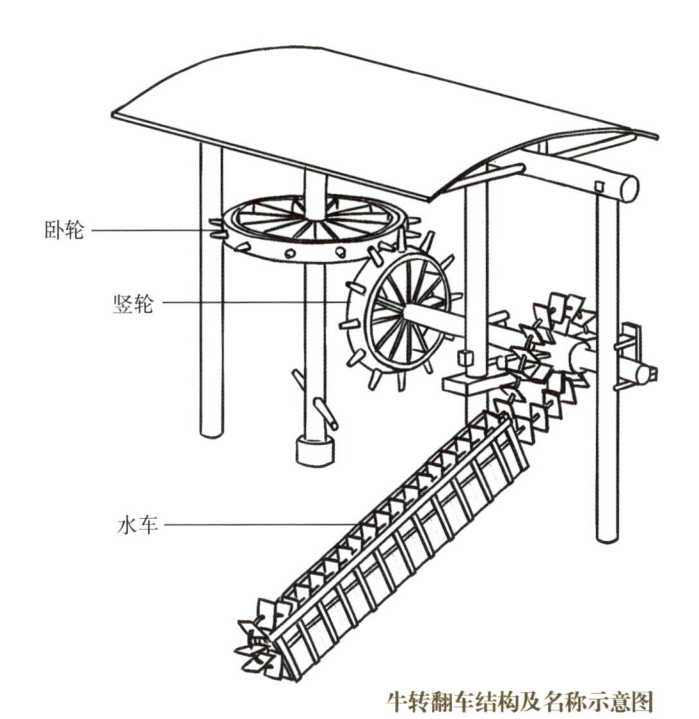

| 王宪明参考方立松《中国传统水车研究》·绘 |

王祯还写到,"谁知人机盗天巧,因凭水力贷疲民",对水转翻车以水力代替人力,减少劳作强度这一功劳非常认可。

宋元时期,南方农业进一步发展,翻车的制造技术得到提升,牵引力也在人力、畜力的基础上,扩展到水力、风力等,其使用也更加普遍。尽管水力、风力翻车在使用范围上无法与人力、畜力翻车相媲美,但它们的出现,证明了元代机械制造技术的发达。

至明清之际,江苏沿海地区又出现了一种利用风力的翻车。明代宋应星《天工开物·乃粒》言:"扬郡以风帆数扇,俟(sì)风转车,风息则止。"又表示,"此车为救潦,欲去泽水以便栽种。盖去水非取水也,不适济旱"指出此类风力翻车主要用于去水排涝,不适合引水灌溉。清代中叶周庆云《盐法通志》有较详细记载:

123

第四章 灌溉类农具

> 风车者，借风力回转以为用也，车凡高二丈余，直径二丈六尺许。上安布帆八叶，以受八风。中贯木轴，附设平行齿轮。帆动轴转，激动平齿轮，与水车之竖齿轮相搏，则水车腹页周旋，引水而上。此制始于安凤官滩，用之以起水也。

风力翻车是翻车发展史上的重大创新，至今仍在江苏沿海一带使用，在生产上继续发挥作用。

二

伴随翻车在农田灌溉中的广泛使用，其形象也频繁出现在诗词歌赋中。如北宋苏轼《无锡道中赋水车》中感叹"翻翻联联衔尾鸦，荦荦确确蜕骨蛇"，翻车翻转起来像"衔尾鸦"，刮水板节节相连似蛇骨，而蛇在民间被认为是小龙，这就是民间普遍称这种翻车为龙骨水车的由来。陆游在《春晚即景》中写道："龙骨车鸣水入塘，雨来犹可望丰穰。"赞

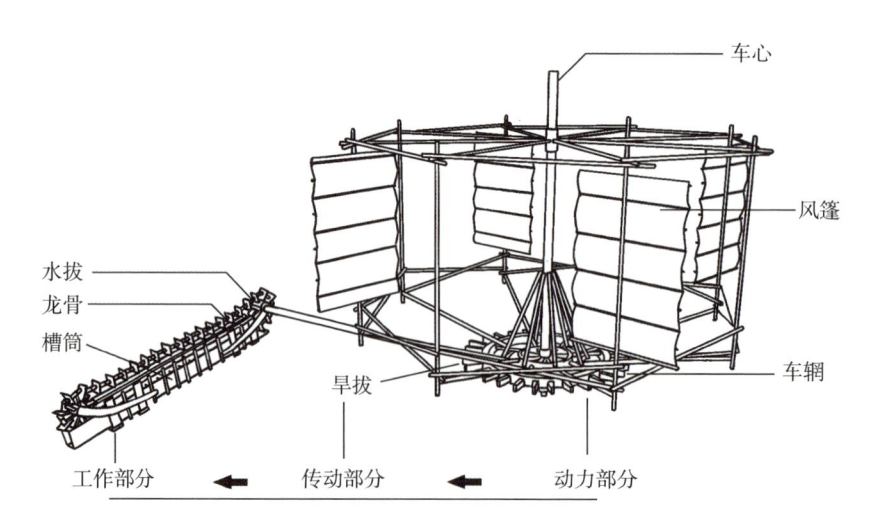

风力翻车整体结构及名称示意图
| 王宪明参考方立松《中国传统水车研究》·绘 |

第三节 翻车

车接海潮·《熬波图》上卷,《钦定四库全书》,文渊阁四库全书电子版,上海人民出版社
　　水车的用途很广,在东南沿海一带还从海里汲水为制盐提供水源,形成壮观的"车接海潮"。该图反映了多人踩踏龙骨车、多车连接往高处送水的壮观场面。

　　美了龙骨水车一旦投入工作,水就像雨一般翻入池塘,表达期盼丰收的美好愿望。而水车之所以会做成龙骨状,可能源自中国民间对掌管兴云降雨的龙王的信仰。

　　翻车是中国南方古代最重要的灌溉机械之一,它客观推动了南方稻作农业的发展,成为经济中心南移的一个重要推动力。而水车链轮传动、翻板提升的工作原理,至今仍在很多方面广泛应用。伴随着动力抽水机和电力水泵等动力机械的广泛使用,翻车逐渐淡出了人们的视线。但在一些城市公园里,人们把翻车开发为农耕文化体验活动,使其焕发出新的价值。

龙骨翻车·贵州遵义苗族村寨

|董蔚·拍摄|

第四节 筒车

> 水激轮转,众筒兜水。
>
> 水车旋转自轮回,倒雪翻银九曲隈。
> 始信青莲诗句巧,黄河之水天上来。
>
> ——清代叶礼《甘肃竹枝词》

一

筒车,又称"水轮",发明于唐代,主要以流水为动力,运用齿轮传动原理将河水自动由低处提灌到高处,免去了人畜劳作之苦,其灌溉功效较翻车更高。

元代《王祯农书》载:"水激轮转,众筒兜水,次第下倾于岸上所横木槽——谓之天池——以灌田稻。"并称赞其为"日夜不息,绝胜人力,智之事也""人无灌溉之劳,田有常熟之利,轮之功也"。唐代陈廷章《水轮赋》描述道:"水能利物,轮乃曲成,升降满农夫之用,低徊随匠氏之程""斫木而为,凭河而引。"高度认可其功效和适用性。

确实,只要把筒车架在流动水的合适位置上,无须费力翻水,甚至不用过多看管,水就能自动进入农田,这可能是传统农具发展史上最接近一劳永逸的时刻了。

第四章 灌溉类农具

二

筒车看起来像一个竖立的大轮子,一般为木制或竹制,由一粗横轴架起。立轮的周围斜装若干小筒,轮的下部有一部分浸入水中,由流水冲击立轮周围的数块栏板,以转动立轮,从而周而复始地将装满水的小筒转到上部,小筒倾斜后就会将水自动泻入木槽,再经木槽流入田中。它的汲水部分和动力部分共用一个实体,即水轮既是汲水装置,又是动力和传导装置,体现了因地制宜的技术思想。

《王祯农书》载:"驴转筒车即前水转筒车,但于转轴外端别造竖轮,竖轮之侧,岸上复置卧轮,与前牛转翻车之制无异。凡临坎井或积水渊潭,可用,浇灌园圃,胜于人力汲引。"

由此可知,这种驴转筒车的汲水部分和普通筒车类似,只是增加了

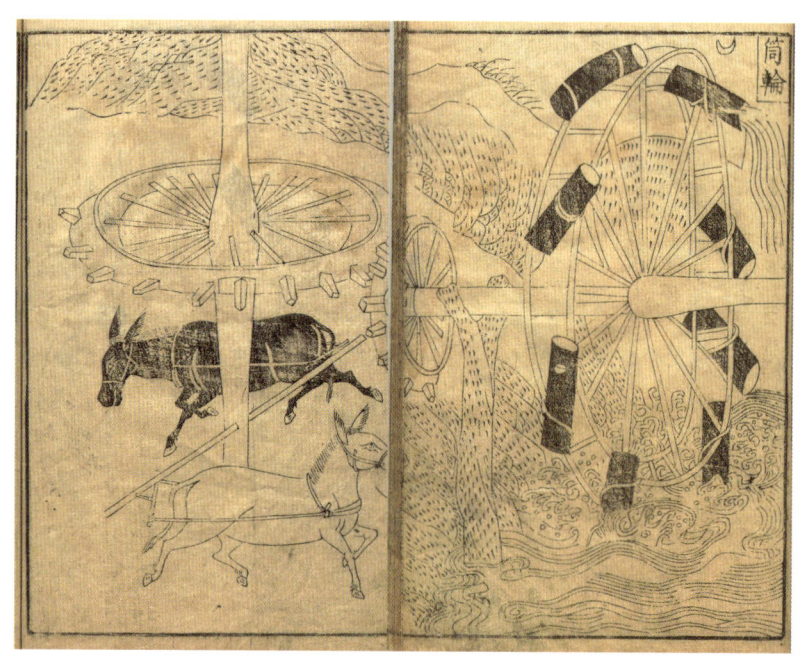

驴转筒车·元代《王祯农书》

第四节 筒车

与牛转翻车构造基本相同的畜力部分。

筒车适用性较强,其形制、大小等可依据工作场景的变化而调整。《王祯农书》讲:"若水力稍缓,亦有木石制为陂栅,横约溪流,旁出激轮,又省工费。或遇流水狭处,但垒石敛水凑之,亦为便易。此筒车大小之体用也,有流水处,俱可置此。"筒车尺寸可随河岸高低而变,既省力又高效。如果水流较缓,可通过将成排木桩打入水流的方式,来遏挡水流下泄,使水位渐高从而增加局部流速。如果水流经过之处过于狭窄,也可通过在两旁垒石头的方式加宽。有这样的强适应性,在中国从南到北,筒车都有广泛应用。

宋元之际创造了畜力筒车,取代人力作为水力牵引筒车的辅助动力。还有一种高转筒车,见于元代《王祯农书》记载:

> 高转筒车,其高以十丈为准。上下架木,各竖一轮。下轮半在水内。各轮径可四尺,轮之一周,两旁高起,其中若槽,以受筒索。其索用竹,均排三股,通穿为一。随车长短,如环无端,索上相离五寸,俱置竹筒。筒长一尺,筒索之底,托以

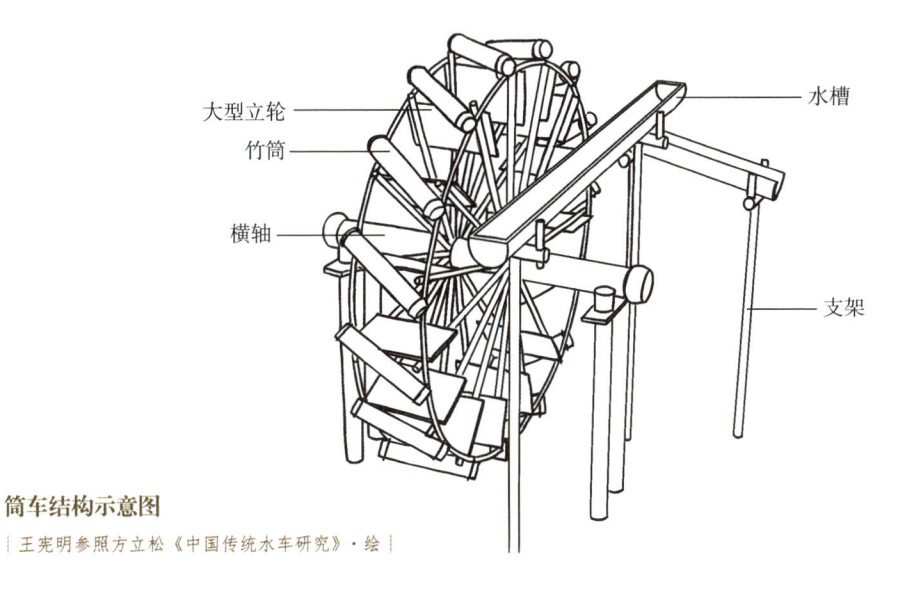

筒车结构示意图

|王宪明参照方立松《中国传统水车研究》·绘|

第四章　灌溉类农具

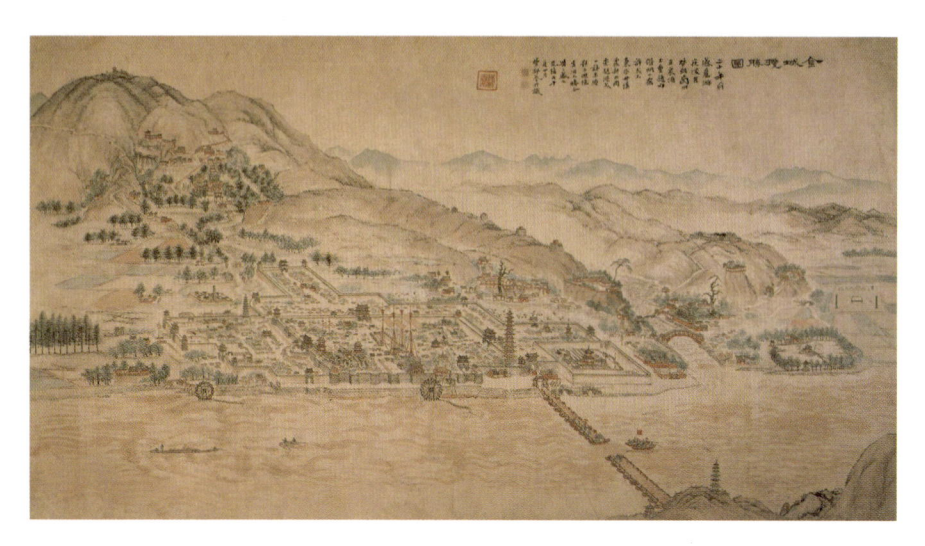

清代马五（传）绘《金城揽胜图》
|甘肃省博物馆·藏|

　　该画疏笔淡抹地描绘了明清时期兰州的城市面貌，是迄今为止发现保存最完好、最完整地反映当时兰州城市形象的佳作。画面下方的黄河南岸有两轮水车，东部水车由清代回族举人虎文炳修建，灌溉虎家花园一带果园菜地。西部水车建于北城堤下，渡槽通过北城，灌溉陕甘总督衙署后花园，同时为市民提供饮水。

　　木牌，长亦如之。通用铁线缚定。随索列次，络于上下二轮。复于二轮筒索之间，架刳（kū）木平底行槽一连，上与二轮相平，以承筒索之重。或人踏，或牛拽，转上轮则筒索自下，兜水循槽至上轮，轮首覆水，空筒复下，如此循环不已。

　　可知这种高转筒车是由人力或畜力带动上轮转动，以牵引下轮和筒索链运动来将水由低处送至高处，运送高度可达十丈（约十层楼高），其功效可见一斑[①]。但这种高转筒车制作工序较为复杂、体形相对较大、使用起来不是很方便，因此并未得到大范围推广。各类新型筒车的发明，体现了人们思想中的改革、创新和进步。

---

① 方立松. 中国传统水车研究[D]. 南京：南京农业大学，2013.

第四节 筒车

四川为筒车发达之地。杜甫有诗《春水》言："接缕垂芳饵，连筒灌小园。"在诗注本之《杜诗镜铨》中，注引李实曰："川中水车如纺车，以细竹为之，车首之末缚以竹筒。旋转时，低则舀水，高则泻水。"即四川的水车形似纺车，车轮为竹制、上端缚竹筒，车轮旋转时可实现汲水灌田。这说明唐代在长江流域上游的四川地区，已经出现利用水力转动的竹筒水车，并用于农业灌溉。四川盛产竹子，故此地的筒车常用竹料制作。筒车直径一般在3～4米，大的筒车直径可达10米以上。更有甚者，新津县黄渡乡清代时曾安装一架直径为18.5米的大筒车，可提杨柳河河水灌溉牧马山上农田120亩，号称"筒车王"，运行150多年，直到1958年牧马山干渠建成后才停止使用。在南方的许多农村，筒车一直使用到近代。

明清以来，以黄河水车为代表的改良筒车在中国西北地区得到广泛使用。筒车由南到北的迁徙之路，和明代嘉靖进士、曾任云南道御史的兰州人段续息息相关。段续在任湖广布政使司（辖今湖南、湖北两省）期间，目睹了南方筒车灌溉对农业生产的巨大作用。后来，段续由云南返回故里后，专门邀请工匠仿制南方筒车，进行了因地制宜的改造。嘉靖三十五年（1556）制造出适合黄河取水的筒车，其直径大小不等，依据河面与河岸的高差而定，可达10～20米，威武高大。轮身架在河边，轮边沉入水中，由激流带动木轮徐徐转动，将盛满水的翻斗带到半空，倒水于木槽再通往田地，解决了河岸高、水位低、难以提灌的困难，使沿河农田大受其益。

黄河水车虽然外表粗糙，但却省工、省力，一经造成，数年得利。因此，自段续造成第一部后，历代沿用、经久不衰。一直到20世纪三四十年代，都还是黄河水车的鼎盛时期，仅兰州近郊便有上百部，灌溉数千亩农田的同时还为市民提供饮用水。与南方筒车相比，黄河水车有两点不同：一是将材质由竹制改为木制，多以兰州本地的榆、

131

第四章　灌溉类农具

槐、柳木作原材料。二是黄河河岸普遍较高，为了借助水力，水车的直径必然加大，因此黄河水车形制更为高大。

三

筒车的出现和运用是中国灌溉机械发展史上的重大事件。从动力上说，它是水车发展的第二阶段，具有里程碑意义。从形制来说，它扩大了水车的种类，与翻车并列成为传统水车的两大家族，奠定了传统水车的基本格局。从空间上说，它扩大了水车的运用区域，使丘陵山区田地也能够享受水车灌溉之利，对唐代及之后的农业生产起到很大的促进作用。

筒车·古今图书集成图纂，内府全图，农事卷，清刊本，黑白版

高轉連筒

高转筒车・古今图书集成图纂，内府全图，农事卷，清刊本，黑白版

第五章 收获类农具

腰镰刈熟趁晴归，明朝雨来麦沾泥。

——宋代范成大《刈麦行》

在新石器时代铚是主要的谷物收获农具，当时谷物只收获禾穗，秸秆就弃于田中。伴随农业的进一步发展，只收获禾穗逐渐改为连秸秆、禾穗一起收获，相应地产生了镰。镰的使用范围进一步扩大，很大程度上替代了铚。春秋战国之后，镰改为连秸秆、禾穗一起收获，相应地产生了镰。镰的刃部有平刃、锯齿两种形式，平刃镰主要用于收割谷子、小麦，锯齿镰用于收割水稻。作为谷物的主要收获工具，镰的形象在汉代画像砖、敦煌唐宋壁画、各代耕织图中均有出现。

之后随着麦收功效的进一步需要，麦笼、麦钐、麦绰三器开始出现，并且打破了麦收工序的顺序限制，将割、捆、拉合并为一道，"都覆黄云入笼中"，大大提高了谷物收获的整体效率。

回望收获农具的发展，从直接取穗到秆穗同收，从单株收割到成片收割，从弯腰操作到直立操作，从手部运动再到上肢带动的全身运动，从单道工序到多工序融合，这些发展和变化反映的不仅是劳作功效的提高，生产工艺的进步和科学知识的运用，也体现了人们对身体的认知加深，对农作物和环境的探索，对劳作需求和方式的思考和创新。

第一节 铚

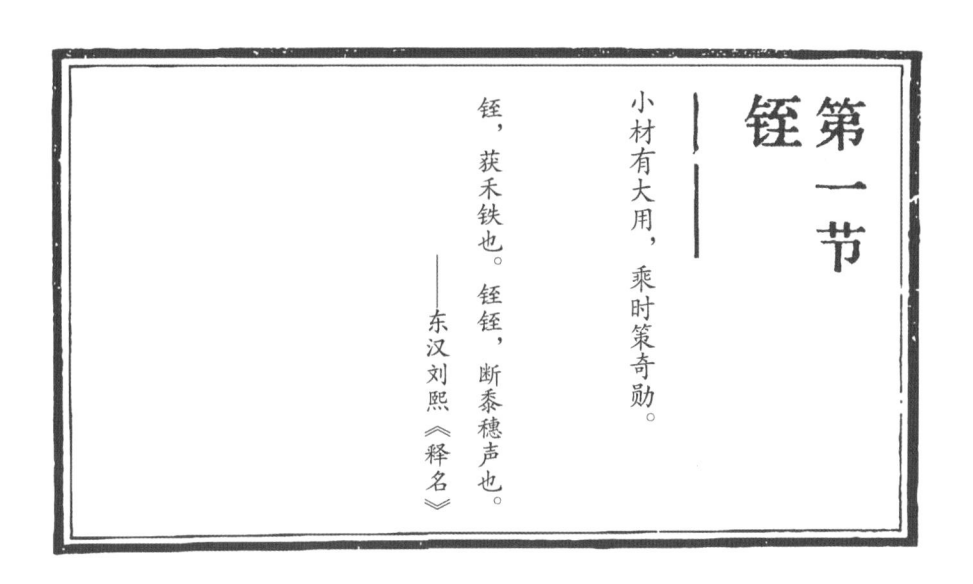

> 小材有大用，乘时策奇勋。
>
> 铚，获禾铁也。铚铚，断黍穗声也。
>
> ——东汉刘熙《释名》

一

作为古代最重要的收获农具，"铚（zhì）艾"二字最早见于《诗经·周颂·臣工》："命我众人，庤乃钱镈，奄观铚艾。"钱镈是铲和锄，铚艾则是无柄镰和有柄镰。《管子·轻重乙》载："一农之事，必有一耜、一铫、一镰、一鎒、一椎、一铚，然后成为农。"《吕氏春秋·上农》载："祸因胥岁，不举铚艾。数夺民时，大饥乃来。"此处，"铚艾"作为收获的代称，指出如果连续几年未能按时收割，粮食无法归仓，饥荒就将到来，也从侧面凸显了"铚"与"艾"的重要性。

《小尔雅》："禾穗谓之颖，截颖谓之铚。"《说文解字》："铚，获禾短镰也。"《释名》："铚，获禾铁也。铚铚，断黍穗声也。"颜师古注解《急就篇》曰："铚，刈黍短镰也。"

这些都说明，铚是一种用于割取禾穗的短镰，较短小，一般为手握使用。

第五章　收获类农具

二

铚的发明早于艾，在新石器时代就已经出现。在农业发展早期阶段，先民只收获禾穗，秸秆就地丢弃于田中，或自行腐烂，或烧为灰烬，变为肥料。20世纪八九十年代，中国部分边疆少数民族地区如西藏米林市、墨脱县等地的珞巴族和云南怒族等还有用小刀取穗收割的习惯。在连秆带穗一起收获的方式大量出现之前，铚是主要的收获农具。从文字发展角度，"至"（甲骨文为"⊠"）是谷穗的象形字，进而成为禾穗的代称，而收获农具为金属，故加"钅"以为"铚"。读音则取割断禾穗时发出的"吱吱"声[①]。

铚由原始的石刀、蚌刀发展而来。早期的铚保留了石刀的形态，比较典型的如湖北红安出土的铜铚、河北平山灵寿城（即中山国遗址）出土的陶铚范等，其形状均仿制于石刀。而浙江宁波、东阳，江苏苏州、句容，上海等地出土的铜铚则呈蚌壳形。此外，部分铜铚刃部还带有斜线纹锯齿，更为锋利、整体耐久性也更好，应当是仿制于蚌刀。后世有学者将这种带有斜线纹锯齿的铚，视作是原始蚌刀向短柄镰刀演变的过渡形态。

西周双孔石铚·陕西西安市长安区出土
| 中国国家博物馆·藏 |
| 王宪明·绘 |

新石器时代穿孔蚌刀
| 中国农业博物馆·藏 |

此件中上部有两个圆孔，由中间的凹痕可以看出明显的使用痕迹。

---

① 陈振中. 青铜农具铚艾[J]. 古今农业，1990（1）：8.

第一节 铚

从新石器时代至西汉时期出土的铚来看，其形制主要有梯形、矩形、半月形和门字形等。初期的铚没有孔，只在左右两侧各开一缺口以系绳，便于手握使用。后随加工技术进步和生产收获经验的积累，人们于铚上穿孔、系绳，以便穿过手指、握紧。在穿孔的数量上，由单孔逐渐发展出双孔、三孔等类型，相较于单孔、竖系绳套的方式，双孔或三孔、横系绳套更为方便，整体功效更高。使用时，人们将一只手指伸入绳套，以其余四指握住背面，另一只手抓住禾穗，用铚的刃部进行切割，主要适用于果实粒径较小的禾本作物，如麦、稻、谷子等。

新石器时代九孔石刀·安徽潜山薛家岗出土
| 中国国家博物馆·藏 |
| 王宪明·绘 |

此件石刀呈长方形，背厚刃薄，造型规整，棱角分明，通体精磨。刃端略有磨损痕迹，背部近顶端一侧穿9个圆孔，呈一字排列，分布均匀，孔径大小相似，有明显的对钻痕迹。有学者认为其应为农作物收割工具或礼器。

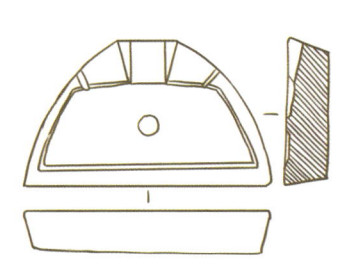

战国中期陶铚范
| 王宪明参考陈应祺《初论战国中山国农业发展状况》·绘 |

春秋战国青铜铚·江苏春秋战国遗址出土
| 胡泽学·供图 |

东周青铜铚·江苏句容出土
| 镇江博物馆·藏 |

第五章　收获类农具

春秋时期之前，铚的材质多为石头或青铜，战国以后则多为铁。伴随农业的发展，人们从只收获禾穗逐渐改为连秸秆、禾穗一起收获，相应产生了镰刀。春秋战国之后，镰刀使用范围进一步扩大，很大程度上替代了铚。

铚的主要类型

| 王宪明参考龚世扬《农具铚的考古发现与再研究》·绘 |

1. 类长方形双孔铜铚（湖北红安）；2. 类长方形单孔铁铚（辽宁旅顺）；3. 半月形双孔铁铚（内蒙古敖汉旗）；4. 半月形单孔铜铚（四川西昌）；5. 类半月形双孔铜铚（江苏苏州）；6. 类半月形多孔铜铚（上海）；7. 椭圆形双孔铜铚（浙江宁波）；8. 蚌壳形双孔铜铚（江苏句容）；9. 蚌壳形双孔铜铚（浙江东阳）；10. 方形单孔铁禾剪（广西南丹）；11. 圆形三孔镶铁木禾剪（广西金秀）；12. 铚的操作方法。

第一节 铚

三

春秋战国之后，铚几乎没有在考古中再被发现过，但在云南等地的汉代遗址出土的铜爪镰，其形制、使用方法均与铚相同。元代《王祯农书》中也收录了"铚"，赞之："虽云一钩铁，解空千亩云。小材有大用，乘时策奇勋。苟无遽弃捐，磨砺以须君。"

直到现在，爪镰在华北、东北农村和海南黎族等局部地区仍有使用，并被称为"掐刀"或"捎谷刀"，辽宁、海南等地也叫"捻刀""手捻刀"，形态有一些适应性改变，以其轻巧方便活跃于丰收的田间。

西汉铜爪镰
|云南省博物馆·藏|
|王宪明·绘|

第五章　收获类农具

东汉收获渔猎画像砖（拓片）

| 中国国家博物馆·藏 |
| 王宪明·绘 |

　　画面由上下两幅图组成，上图为莲池弋射，下图为收获，可以看到下图右侧的二人正在挥舞有柄长镰收割，下图左侧三人则俯身，似以无柄短镰割麦。

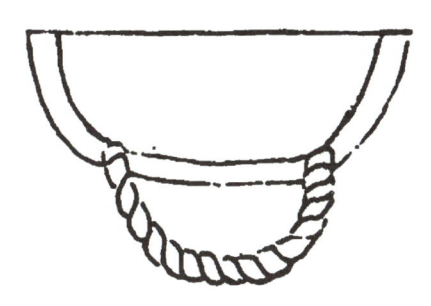

第一节 铚

铚、艾和粟切·元代《王祯农书》

《王祯农书》中铚的配图为"短镰"。书中铚与镰的区别似仅在于有柄与无柄。但从实物看，铚与书中的"截禾颖刃"——粟切——更为相似。

近代海南黎族木柄铁刃手捻刀（上）
海南黎族牛角柄铁刃手捻刀（下）
|海南省博物馆·藏|
|王宪明·绘|

143

第二节 艾

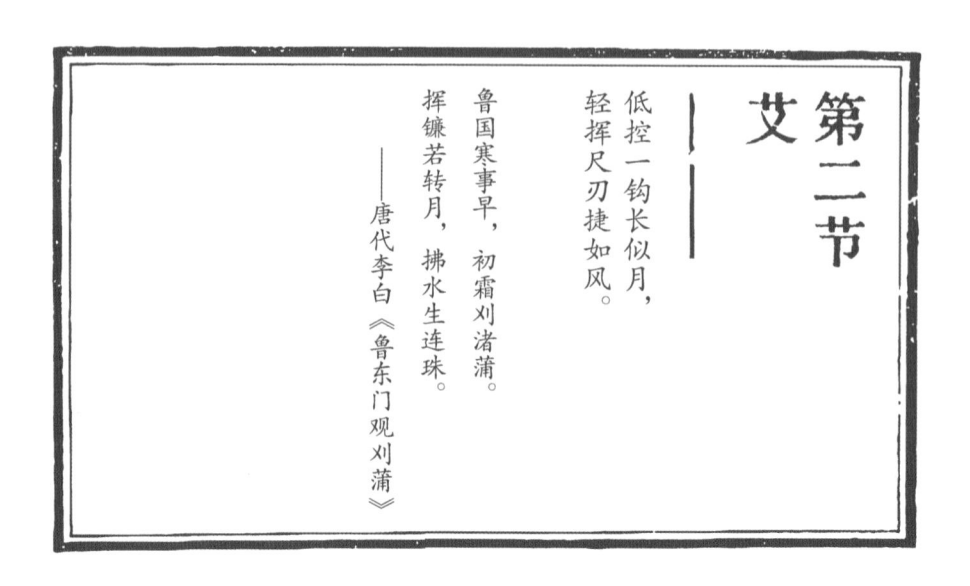

低控一钩长似月，轻挥尺刃捷如风。
鲁国寒事早，初霜刈渚蒲。
挥镰若转月，拂水生连珠。
——唐代李白《鲁东门观刈蒲》

一

艾，是带柄的镰刀，新石器时代就已经出现。

最初的镰刀是将石铚、蚌铚等加长，在一端捆绑略成直角的木柄，或于木柄上穿銎，将铚的一端插入銎，成为"⌐"的造型。甲骨文的"乂"字，就是这种早期镰刀的象形字。其后出现"艾"字，表示用镰刀割草的动作。

镰刀的大量使用，与收获方式从只收获禾穗改为连秸秆、禾穗一起收获密切相关。从艾字的出现推测：原始农业在进入连禾穗收获之前，应该出现过这样一个阶段，即先收割禾穗，再收割禾秸。艾表示用镰刀收割禾草，与用铚收割禾穗相区别。到了连禾穗带禾秸一起收获的阶段，这种区别就消失了①，之后镰的使用范围迅速扩大。

---

① 陈振中. 殷周的铚艾——兼论殷周大量使用青铜农具[J]. 农业考古，1981（01）：48.

第二节 艾

锯齿石镰·河南新郑裴李岗文化遗址出土
|中国国家博物馆·藏|
|王宪明·绘|

此石镰长20.6厘米、宽6厘米,由片状条石磨制而成。器身呈弧形,镰首锐利,背部圆钝,可以明显看到刃口处加工成整齐细密的锯齿状。镰柄宽厚,末端上下两侧分别有尖状突起与凹口形结构。实际使用时,石镰需安装在木柄上,利用绳索等材料加以固定。末端的突起和凹口形设计便于绑缚镰身并增强镰身与木柄结合的稳定性。

商代铜镰·江西新干县大洋洲商代遗址出土
|江西省博物馆·藏|
|王宪明·绘|

此件长18.4厘米,柄宽3.6厘米。扁平长条形,体薄,背平,单面刃。背脊处增厚,近内部有一穿孔,通体素面无纹应为祭祀用品。

二

《诗经·臣工》篇陆德明释文"艾,音刈"。《说文》解释道:"乂,芟(shān)草也。刈,乂或从刀。"《国语·齐语》载:"挟其枪、刈、耨、镈,以旦暮从事于田野。"汉代韦昭注:"刈,镰也。"战国《谷梁传》载:"一年不艾而百姓饥。""艾"指收获农作物。"刈"加了金属的"刂",表明后期这类收获工具多为金属材质。西汉《方言》说:

刈,钩。江淮陈楚之间谓之钊(zhāo),或谓之锅。自关而西谓之钩,或谓之镰,或谓之锲(qiè)。

后世其他称谓逐渐都被关西方言"镰"所替代,成为该器物的通称。说明镰已在这些地区得到普遍使用,作为收获农具促进了当时社会

第五章　收获类农具

农业生产的发展。

新石器时代中晚期的河南裴李岗遗址等地已有石镰出土，新石器时代晚期的大汶口文化、龙山文化，以及商周时期的诸多遗址出土了大量镰刀。从材质上，可分为石、蚌、骨质，总体而言石镰最多，蚌镰次之，骨镰最少。

此外，还有一种带齿刃的镰，石质、蚌质都有，以蚌质居多。应当是人们使用蚌镰的过程中，发现因磨损出现锯齿状的刃口使得镰的工作功效更高，以后就有意制造一些锯齿刃口的镰刀。

商周时期，青铜镰开始出现。从形制上，主要分为有銎和无銎两大类，下面又分有栏、无栏，有穿孔、无穿孔，带齿、不带齿，有侧栏、无侧栏等类型。从装柄方式上，多数为横柄，与现代镰刀的主流形制无异。少数为直柄，也可在当代镰刀中找到同款。其中，齿刃铜镰优点十

西周红铜镰
|新疆维吾尔自治区博物馆·藏|

此件器物刃部明显有使用痕迹，由此可见，这一时期，新疆草原地带已存在相当程度的农业生产，并在工具制作上受到了黄河流域农业技术的影响。

东周铜锯镰
|江苏镇江博物馆·藏|

东周铜镰·湖北襄阳山湾东周墓葬出土
|湖北省博物馆·藏|

齿刃铜镰·广东省罗定市罗平镇横垌村背夫山战国墓出土

| 广东省博物馆·藏
| 王宪明·绘

此件铜镰长 15.2 厘米，刃长 11 厘米，高 4.2 厘米。器薄，一面光平，另一面器上边缘和柄下部边缘有一道宽带，柄中有一圆孔，刃边缘有细密的锯齿，刃面饰平行细密且凸起的斜线纹，前端斜出尖峰。

东汉铁钺镰·四川省新津县牧马山出土

| 中国国家博物馆·藏
| 王宪明·绘

一般镰刀长度在 10～20 厘米。此件钺镰角距 56.5 厘米，是一种比较大型的镰刀，装上木柄后，双手持而刈禾。这种镰刈禾面积比较宽，功效较高，适用于收割撒播的庄稼和牧草等。

战国晚期五年相邦吕不韦戈

| 中国国家博物馆·藏
| 王宪明·绘

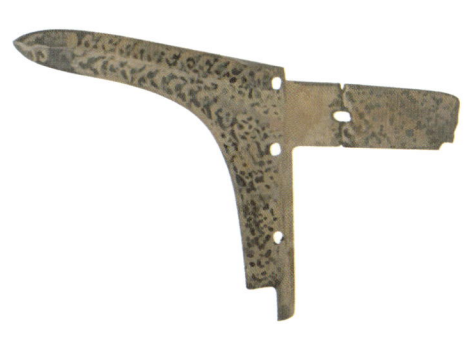

战国铜戈·江陵望山 2 号墓出土

| 湖北省博物馆·藏
| 王宪明·绘

此为陈介祺旧藏，通长 27.6 厘米，胡长 16.8 厘米。器援长而狭，长胡，内部三面均有刃，是战国中晚期青铜戈的典型式样，与镰刀十分相似。

戈胡部两侧均刻铭文，正面："五年，相邦吕不韦造。诏事图、丞、工寅。"背面："诏事。属邦。"《史记·吕不韦列传》云"太子政立为王，尊吕不韦为相国"，"秦王十年十月，免相国吕不韦"，则铭文中"五年"，应指秦王政五年（公元前 242）。"相邦"，即典籍中"相国"，汉世因避汉高祖刘邦之讳，改称相邦为相国。铭文中"图"，为地名。"丞、工寅"为督造官员与工匠。

147

第五章　收获类农具

分突出，其齿纹凹凸于刃口，使用时磨损的旧齿会成为再生的新齿，循环往复于使用过程之中，故总体的打磨养护次数远小于锋刃镰，非常省时省功，能够适应大面积的禾穗收割需要。基于这一优点，有些地区把齿刃镰叫作"永不发齿镰"，足以说明其优势。

镰在使用时，按镰柄方向往前伸，勾住禾秆后刃部发力，向后拉即可割下。依据需切割禾穗的高矮，镰的形制可大可小。因优点显著，镰逐渐取代铚，成为主要的收割工具。战国之后冶铁技术的发展和统治阶层对农业的重视，都促进了铁镰在全国各地的推广。

一般来说，锋刃镰的镰身与柄身呈直角，齿刃镰的镰身与柄身呈钝角，因前者切割物体时主要靠削与切，而后者则主要靠锯割，如果加大柄身与镰身的夹角，就可以更好地发力，提高工作功效。相较于锋刃镰，齿刃镰的优势在于其齿刃部分不需要经常打磨。锋刃镰在其刃部锋利时，固然好使，但在使用中很快变钝，需要经常加磨，特别

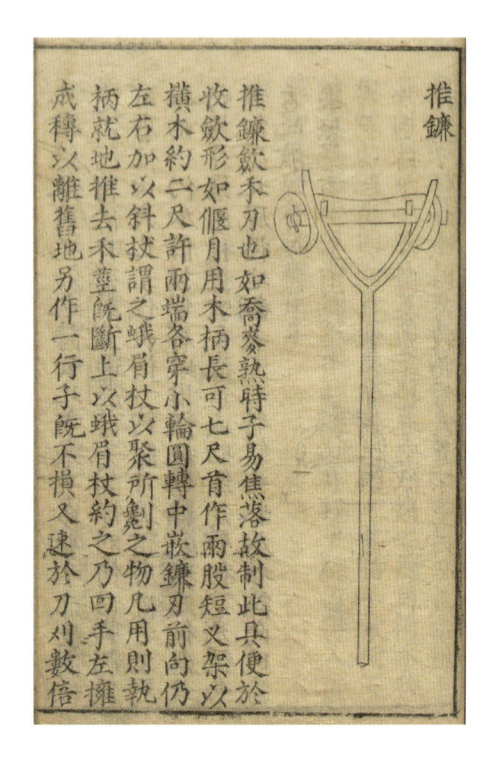

推镰·元代《王祯农书》

以推镰为例："首作两股短叉，架以横木，约二尺许，两端各穿小轮圆转，中嵌镰，刃前向。仍左右加以斜杖，谓之蛾眉杖，以聚所劖之物。凡用，则执柄就地推去，禾茎既断，上以蛾眉杖约之，乃回手左拥成穗，以离旧地，另作一行。"即作一顶端分叉，架一二尺长的横木。横木两端装上可以转动的小轮，轮中间嵌上一片镰刀，刀口向前。横木左右各装一根斜向的木杖，叫作"蛾眉杖"，用以聚集割下的麦草。使用时，手执长柄，就地向前推动可铲割作物。

第二节 艾

是青铜镰。打磨镰刀很费时费功，而到了收获时节，往往农活最急，古人有"收麦如救火，龙口把粮夺"之说，可禁不起磨刀耽误的功夫。

由于镰在农业生产中的广泛运用，逐渐衍生出兵器——戈。早期甚至是戈与镰通用，从出土文物看，战国时期生产了大量形制与镰十分相近的精美铜戈。

元代《王祯农书》载，"艾，获器，今之刈镰也"；"镰，刈禾曲刀也"；"皆古今通用艾器也"，并赞之"利器从来不独工，镰为农具古今同。艾馀禾稼连云远，除去荒芜卷地空。低控一钩长似月，轻挥尺刃捷如风"。

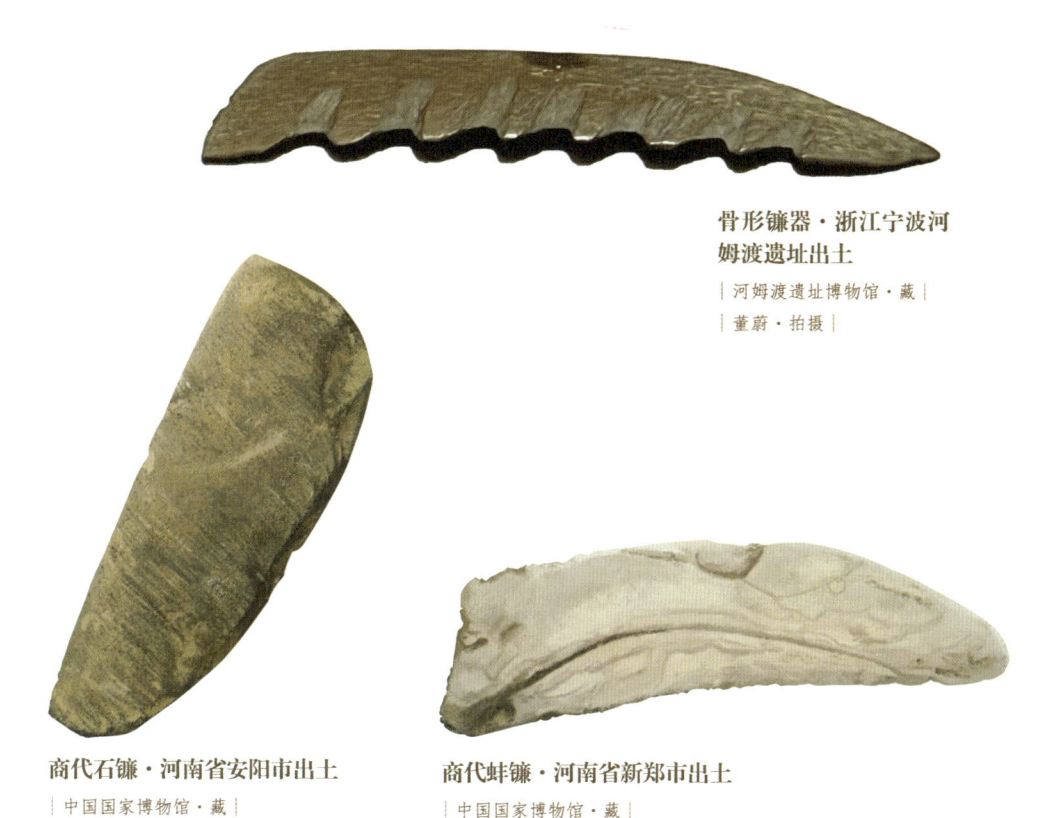

骨形镰器·浙江宁波河姆渡遗址出土
河姆渡遗址博物馆·藏
董蔚·拍摄

商代石镰·河南省安阳市出土
中国国家博物馆·藏
王宪明·绘

商代蚌镰·河南省新郑市出土
中国国家博物馆·藏
王宪明·绘

第五章 收获类农具

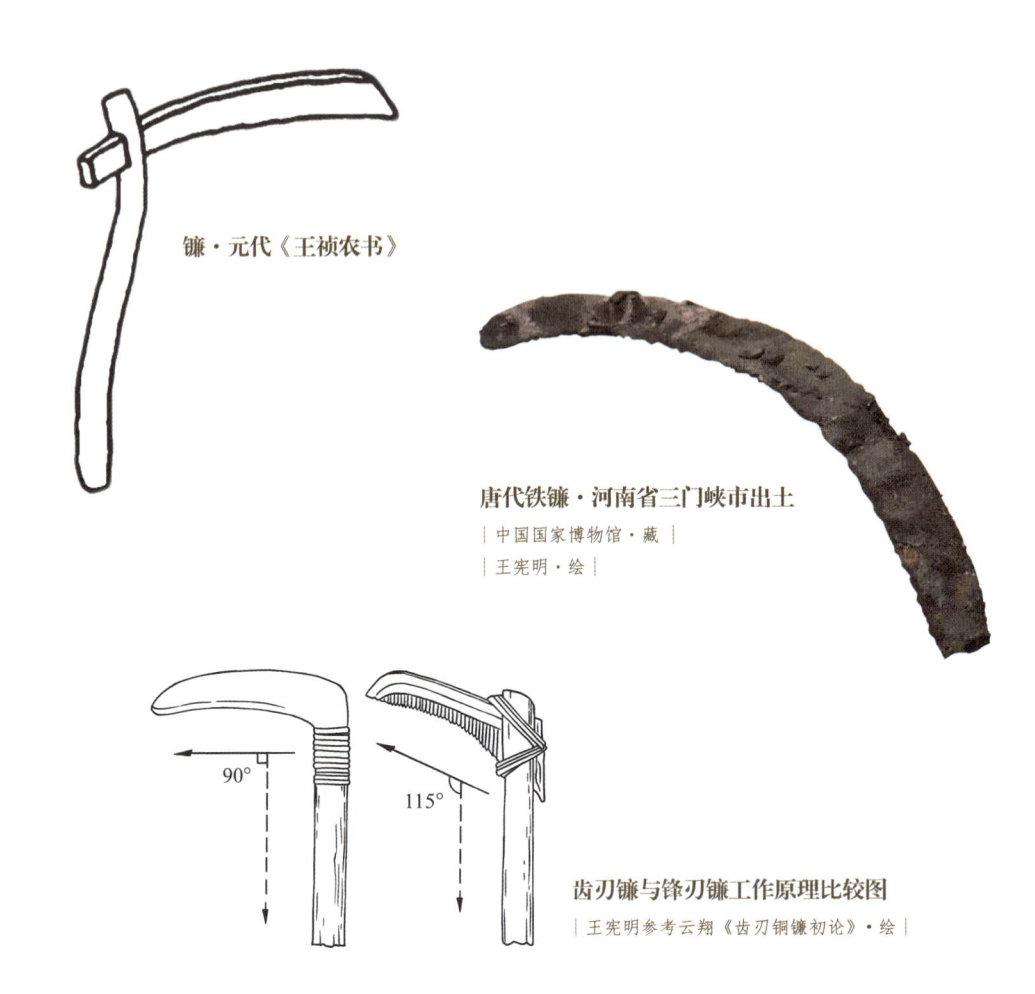

镰·元代《王祯农书》

唐代铁镰·河南省三门峡市出土
|中国国家博物馆·藏|
|王宪明·绘|

齿刃镰与锋刃镰工作原理比较图
|王宪明参考云翔《齿刃铜镰初论》·绘|

此外，还提到镰的形制多样，"有佩镰，有两刃镰，有袴（kù）镰，有钩镰，有镰枱（cí）"。各类镰刀的出现，扩充了镰刀家族的适用范围，几乎都可以在近现代的镰刀中找到相似形制。

三

作为主要的收获工具，镰的形象在汉代画像砖、敦煌唐宋壁画、各代耕织图中均有出现。历代文人也留下了诸多与镰有关的佳句，如宋代范成大《刈麦行》,"腰镰刈熟趁晴归,明朝雨来麦沾泥";宋代戴栩《刈麦行自灵岩归示赵丞》:"大儿牵衣镰在手,小儿携篝并畦走。陌翁语姬切莫迟,梅风温云晴不久。两手便熟镰无声,黄云卷地苍坡平。"道出了镰与农业生产的紧密联系。

久而久之,镰刀成了农民阶级的标志,在中华人民共和国成立后,镰刀与锤头一起被运用在中国共产党党旗上,分别成为工农联盟中农民阶级和工人阶级的象征。

作为经过几千年生产实践反复考验、不断发展进步的传统农具,镰刀制作巧妙,经济耐用,操作简单,维修成本低。尽管现代大型机械农具发展迅速,镰刀作为便于携带的辅助农具,仍旧在山地、丘陵发挥着作用。

燕镰铁范(正反面)·河北省兴隆县古洞沟出土

|中国国家博物馆·藏|

|王宪明·绘|

此件双镰铁范,范身弯曲,内有凹入的双弯曲平行镰铸槽,背后有弓形把手,一次可铸两镰。该范近镰柄处有"右廪"字样,廪为管理、储存农产品和制造农具的机构,证明此件由地方官营铸造,足见当时统治阶层也意识到镰作为农具的重要性,制作了铁范以推广之。

第五章 收获类农具

近代广东镰刀
|中国农业博物馆·藏|

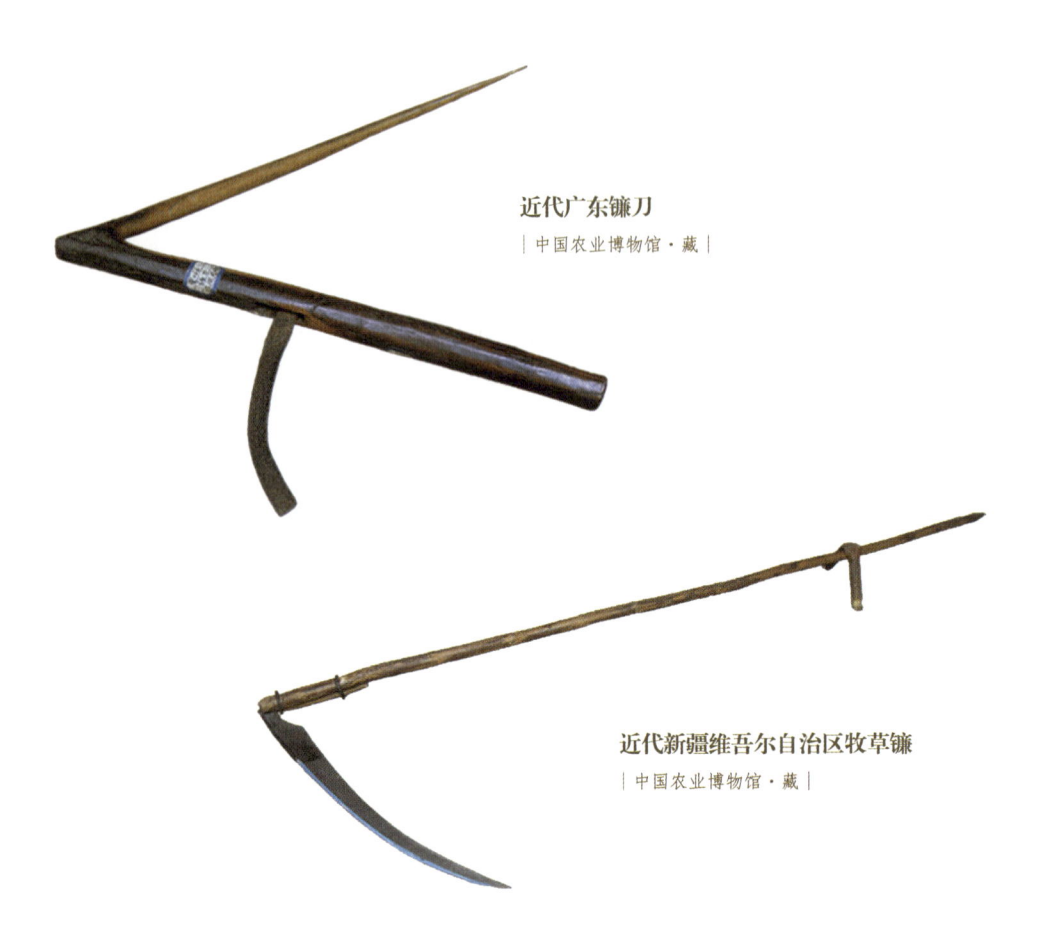

近代新疆维吾尔自治区牧草镰
|中国农业博物馆·藏|

多种形制的当代镰刀
|中国农业博物馆·藏|

湿田击稻图·古今图书集成图纂，内府全图，农事卷，清刊本，黑白版

第三节 麦笼、麦钐、麦绰

> 比之刈获,功过累倍。
>
> 夫笼、钐、绰三物为一事,系于人之一身,而各周于用,信乎人为物本,物因人而用也。——元代《王祯农书》

一

麦笼、麦钐(shān)和麦绰(chāo)三器,是传统农器中最早集多道工序为一体的联合收割器,堪称创新设计的典范。

麦收可分为一割、二捆、三拉、四打、五晒、六藏等工序。麦笼、麦钐、麦绰三器的发明,打破了先后工序的局限,将割、捆、拉合为一道,大大提高了收获的整体功效。其中,麦笼是盛装和运输的器具,一般挂在割麦者腰间,或搁置近身处,随割随盛;麦钐是割麦的工具,是镰刀的变体,使用时安装在麦绰下部,是麦绰的一部分;麦绰是抄麦的工具,用于聚拢切割后的麦秸秆及麦穗。

二

自古麦收最急。一是麦成熟期短,收获时间性强,故天气变化对最终

第三节 麦笼、麦钐、麦绰

产量的影响极大；二是中国主要种植冬小麦，为夏收作物，一旦夏收不及时，会耽误秋播作物的下种，进而影响秋收。元代《王祯农书》记载：

> 凡农家所种，宿麦早熟，最宜早收。故《韩氏直说》云：五六月麦熟，带青收一半，合熟收一半；若候齐熟，恐被暴风急雨所摧，必致抛费。每日至晚，即便载麦上场堆积，用苫密覆，以防雨作。如搬载不及，即于地内苫积；天晴，乘夜载上场，即摊一二车——薄则易干。碾过一遍，翻过，又碾一遍，起秸下场；扬子收起。虽未净，直待所收麦都碾尽，然后将未净秸再碾。如此，可一日一场，比至麦收尽，已碾讫（qì）三之二矣。大抵农家忙併（bìng），无似蚕麦。古语云：收麦如救火。若稍迟慢，一值阴雨，即为灾伤。迁延过时，秋苗亦误锄治。

强调了麦应当早收，最好是还有一半青时就开始着手收，如果等全熟再收，一旦遇上大雨，极易倒伏、发霉，造成严重损失。

每到麦收时节，农人白天收麦、晚上打场，当天还要完成碾、翻、扬、收的工序。第二天继续收获下一片麦地，日复一日，直至颗粒归仓，确实收获任务重、劳动强度大、农活时间紧。

明代徐光启言："收获如寇盗之至。百谷皆宜速收，夏麦尤甚，故曰收麦如救火。"农谚讲："麦上场，龙口夺粮忙。"足见麦收时节的繁忙和紧张，必须以最快速度抢收。

为此，人们迫切需要能够提升收获速度的农具。至迟到元代，麦笼、麦钐和麦绰三器就已经出现。元明时期的诸多农书中都有麦收三器形制、功效的详细记载，文字内容几乎相同，以元代《王祯农书》为例：

> 夫笼、钐、绰，三物而一事，系于人之一身，而各得于用。

麥綽

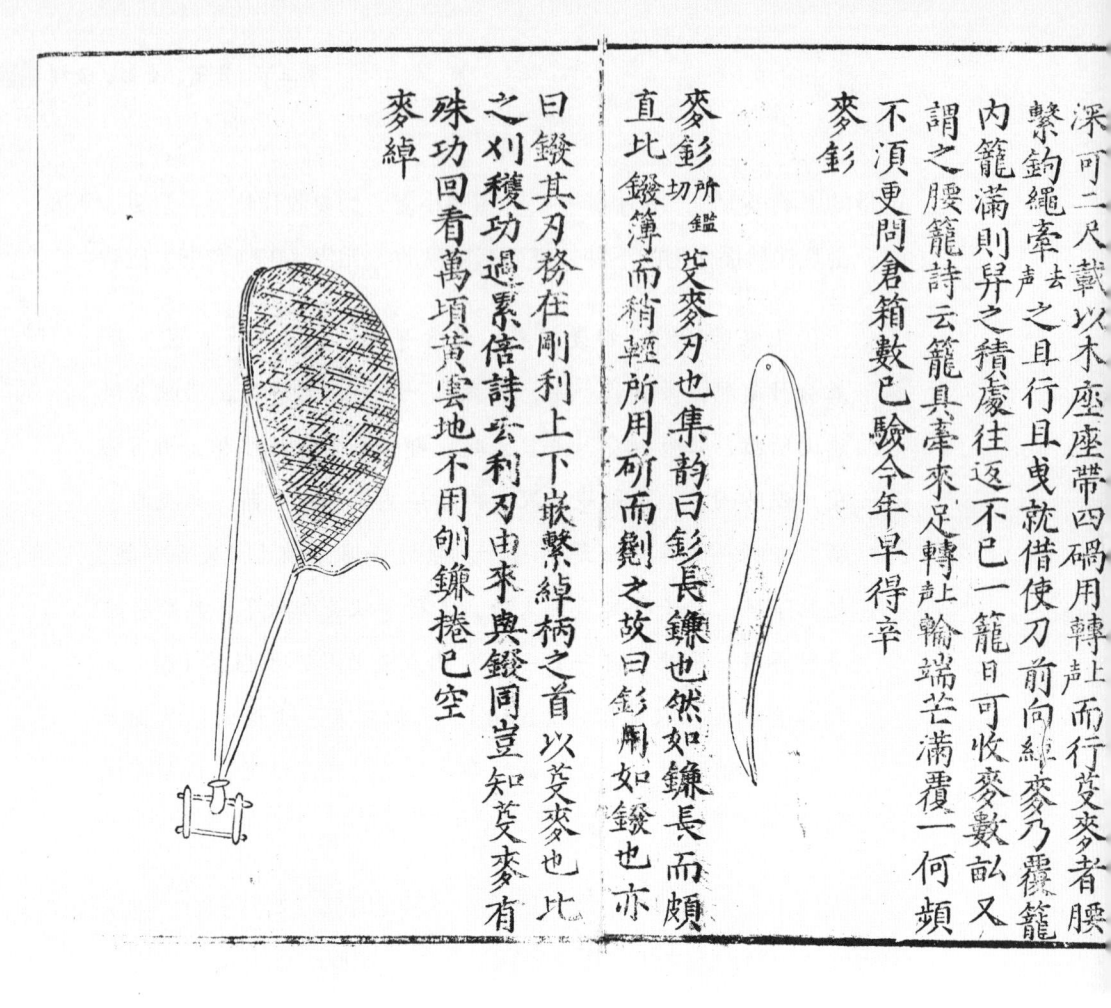

麥釤

深可二尺載以木座座帶四磘用轉声而行芟麥者腰繋鉤繩牽去之且行且曳就借使刀前向絲麥乃覆籠內籠滿則異之積慶往返不已一籠日可收麥數畒又謂之腰籠詩云籠具牽來足轉声上轊端芒滿覆一何頻不須更問倉箱數已驗今年早得辛

麥釤
切所鑑

芟麥刀也集韻曰釤長鐮也然如鐮長而頗直比鎩薄而稍輕所用而劌之故曰釤劚如鎩也亦

麥綽切

曰鎩其刃務在剛利上下嵌繋綽柄之首以芟麥也比之刈穫功過素倍詩云利刃由來與鎩同豈知芟麥有殊功回看萬頃黃雲地不用刲鐮捲已空

麥綽

麦笼、麦钐和麦绰·元代《王祯农书》

可知，三器挂于一人，各司其职，一人便可完成全部操作。其中，麦笼系于腰间随割随走；麦钐形似镰刀，用于收割，使用时嵌于麦绰柄首；麦绰形如簸箕，用来装钐下来的秸秆和麦穗。三者配合默契，形成有机整体，功效甚高。《王祯农书》载："今北方收麦，多用钐刃麦绰，钐麦覆于腰后笼内。笼满则载而积于场""芟麦等器，中土人皆习用。盖地广种多，必制此法，乃易收敛""比之镰获手，其功殆若神速""一日可收十余亩，较之南方以镰刈者，其速十倍。"麦收三器一天可以收十亩，速度极快，十倍于南方地区的普通镰刀，因而在北方地区得到大范围使用。

156

農器圖譜集之十五 東魯王禎撰

芟麥門

芟麥等器中土人皆習用蓋地廣種多必製此法乃為收歛比之鎌鑊手聚其功殆若神速今特各各圖錄庶他方業農者倣之同省工力

麥籠

麥綽

《王祯农书》载："麦笼：盛芟麦器也。判竹编之，底平口绰，广可六尺，深可二尺。载以木座，座带四碢（tuó），用转而行。芟麦者腰系钩绳牵之，且行且曳。就借使刀，前向绰麦，乃覆笼内。笼满则舁之积处，往返不已。一笼日可收数亩，又或谓之腰笼。"

麦笼为竹制，主要由笼和底座两部分组成，底座还有4个轮子，方便转动。使用时系于农人腰间，利用惯性，前行时挥动麦绰割麦，左右手力道转换，往后一翻即倒入笼中，非常方便。王祯赞之"笼具牵来足转轮，瑞芒满覆一何频。不须更问仓箱数，已验今年早得辛"。

《王祯农书》载："麦钐：芟麦刃也。《集韵》曰：'钐，长镰也。'状

第五章 收获类农具

如镰,长而颇直,比𫓧薄而稍轻。所用斫而劖(chán)之,故曰𬭁。用如𫓧,故亦曰𫓧。其刃务在刚利,上下嵌系绰柄之首,以芟麦也。比之刈获,功过累倍。"

即麦𬭁是一把比较长的刀片,十分锋利,比𫓧镰要轻。主要用于切割麦秆,使用时嵌在麦绰柄首,由此可见,麦𬭁就是麦绰的一部分。但王祯仍以单独章节来专门介绍麦𬭁,并赞之"利刃由来与𫓧同,岂知芟麦有殊功。回看万顷黄云地,不用刡镰卷已空",可见其在收获类农具中的重要性,及其功效之可数倍于普通镰刀。

《王祯农书》载:"麦绰,抄麦器也。篾竹编之,一如箕形,稍深且大。旁有木柄,长可三尺,上置𬭁刃,下横短拐,以右手执之。复于𬭁旁,以绳牵短轴(近刃处,以细竹代绳,防为刃所割也),左手握而掣之。以两手齐运,芟麦入绰,覆之笼也。尝见北地芟取荞麦,亦用此具,但中加密耳。"

即麦绰主要由绰子笼、木支架和短轴三部分组成。绰子笼一般为竹制,形如较深、较大的簸箕;木支架用于承装𬭁刀片,前设横棍,方便右手握持;短轴则是麦绰的操持构件,一般为左手握持。使用时,需两

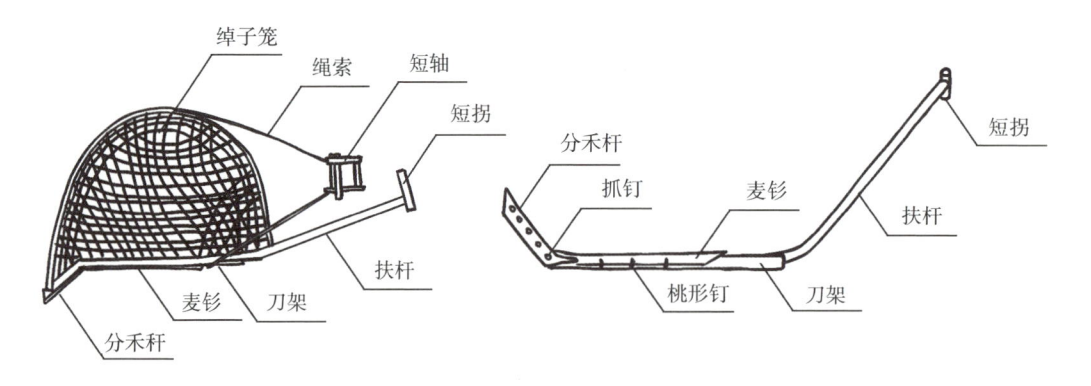

麦绰各部位示意图

| 王宪明参考张明山、张雪《中原传统麦作联合收割农器设计研究——以麦𬭁、麦绰和麦笼为例》·绘 |

手相互配合，全身发力。

王祯赞之"芟麦虽凭利刃功，柄头须用竹为笼。勿云褊（biǎn）量容多少，都覆黄云入笼中"。

麦收三器是古人对惯性作用和离心力原理的熟练运用。收割时，操作者左手拉短轴，右手握短拐，将麦钐向右甩出，再利用惯性将其朝左拉回，使麦绰贴着地面向麦秆底部砍去，麦秆被切断后随着惯性倒入绰子笼；随即操作者继续将麦绰甩向身体的左后方，麦子便成束地掉落在身后的麦笼。麦钐在快速移动中产生了巨大动能，提高了钐刀刃口与麦秆的撞击速度、后甩速度，减小了切割阻力，更为省力。操作者走一步停下来钐一片麦，再向前走一步钐另一片麦，直到麦笼中装满麦时，才将其运到田边或场上[①]。这种成片割取植株的方式，功效较以往的割取方式大为提高。同时，扶杆和绳索较长，收割时基本是站立操作，免去了弯腰之苦。

此外，麦收三器还体现了古人刚柔并济、人器合一的朴素思想。操作者左手持扶杆，为刚性连接，不能自由伸缩；右手持绳索，为柔性连接，能够在绷紧与松弛间自由切换。切割麦秆时，麦钐离人较远，绳索被绷紧；将麦禾倒入身后麦笼时，麦钐离人较近，绳索瞬间又是松弛的。正是这一刚一柔的配合，才能在切割麦秆后的瞬间将麦禾倒入麦笼。如果两个都是刚性木棍，双手握持麦钐时，麦钐无法靠近身体，更无法倾倒麦禾；而如果两个连接都是柔性绳索，向身后倾倒麦禾时，很容易砍伤自己。刚柔并济的设计，使切割和倾倒麦禾两个动作的联合作业成为可能。人在麦收三器的联合作业中，既为操作者，也是联合作业农器中的联动结构，类似现代机械的"机械转臂"，人器合一，成为有机整体。

[①] 张明山，张雪. 中原传统麦作联合收割农器设计研究——以麦钐、麦绰和麦笼为例[J]. 装饰，2020（11）：107–111.

第五章　收获类农具

因用麦绰割麦时需要的力量较大，操持麦绰者常为成年男性，元代《王祯农书》插图中还有一位女性在麦笼后帮忙推笼前行。近代拍摄的麦绰作业，操持者也多为男性。事实上，一直到中华人民共和国成立初期，麦收三器在河南、陕西、山西、山东等地仍然常见，只是形制和名称略有不同。张明山等[1]2020年在河南多地进行了田野调研，并结合方言名称，分析了麦收三器的特点。如安阳市滑县一带称之为"鸳鸯绰"，鸳鸯指麦笼，绰即麦绰，二者如影随形，符合其"三器一事，联合作业"的特点。平顶山市叶县一带则根据麦笼的造型和功能将其称为"网包"，符合其"网状结构，盛装运输"的特点；将"麦钐"称为"围镰"，符合钐麦时"围合切割，人为圆心"的特点。洛阳一带将麦钐称为"掠子"，不仅描述了割取谷物的动态，也体现了麦钐使用时的进攻性和操作时的危险性。

三

回望收获农具的发展，从直接取穗到割取植株，从单株收割到成片收割，从弯腰操作到直立操作，从手部运动到前臂运动，再到上肢带动的全身运动，从单道工序到多工序融合，这些发展和变化反映的不只是劳作功效的提高、生产工艺的进步和科学知识的运用，也体现了人们对身体的认知加深、对农作物和环境的探索、对劳作需求和方式的思考，由此才能创造出从简单到复杂、从单一到多器的联合作业农具。

以人为本，打破固有思维，创造性地改造工具，应该是麦收三器最值得后世借鉴之处。

---

[1] 张明山，张雪. 中原传统麦作联合收割农器设计研究——以麦钐、麦绰和麦笼为例[J]. 装饰，2020（11）：107-111.

第三节　麦笼、麦钐、麦绰

麦绰·古今图书集成图纂，内府全图，农事卷，清刊本，黑白版

第六章 脱粒加工类农具

霜天晓起呼邻里，遍听村村打稻声。

——清代玄烨《题耕图二十三首·其十七》

谷类在收获后需要进行脱粒加工以便食用。最原始的脱粒方法是手工搓磨谷穗，在新石器时代，北方出现了用石棒、木棍砸碾谷壳的原始加工方法，至迟在商代，已发明了"举而转之，以扑禾"的连枷。南北朝以后，北方开始用"视人手击取者力省三倍"的碌碡碾压谷穗脱粒。南方则主要在"一打三抖"的掼桶上掼打水稻脱粒。为解决脱粒后的杂质清除问题，又发明了簸箕等扬场工具，西汉时发明了"比之枕（xiān）掷箕簸，其功多倍"的飏扇，利用空气流动原理，大大加快了杂质清除的速度和质量，且不再受空间和天气的影响，成为谷物加工中非常重要的工具。

汉代有了碓的使用，后发展出"云碓无人水自舂"的水力碓。春秋战国时期，石磨出现用于谷物加工，更是有了"世间饼饵，自此始矣"的赞誉，此后我国北方大部分地区的主食由粒食改为面食，促进了小麦的大面积推广种植，从而改变了"南稻北粟"的谷物种植，形成了"南稻北麦"的种植结构。石磨用于加工大豆后为豆腐的发明提供了生产条件，也使得我国粮食加工工艺在古代一直处于世界领先水平。

第一节 连枷

> 霜天晓起呼邻里，遍听村村打稻声。
> 新筑场泥镜样平，家家打稻趁霜晴。
> 笑声歌里轻雷动，一夜连枷响到明。
> ——宋代范成大《秋日田园杂兴》

一

连枷（lián jiā），也称梿（lián）枷、梿耞（jiā）、耞等，是最早的谷物脱粒工具之一，从原始农业时期手持木棒敲打谷穗脱粒演变而来。最初由两根一长一短的木棒组成，长木棒为手持端，短木棒为敲打端，两根木棒通过转轴连接。农人打场时普遍分腿站立，双手一前一后紧握手柄，上下挥动手柄带动敲打柄转动，拍打谷物以达到脱粒目的。

简单的动作中蕴含了对圆周运动、铰接联动、碰撞去壳等原理的掌握与运用。

二

连枷以竹质或木质为主，难以长期保留，故未见有出土的实物。关于连枷出现的时间，有学者认为其至迟在商代就已经被发明出来。甲骨

第六章 脱粒加工类农具

文"⌒"和"⌒"是连枷的象形字,"※"为谷粒的象形字,学者分析商代已将连枷用于谷物的脱粒,所以"谷"字的甲骨文为"※",在战国后逐渐演变为从"禾"字旁的"穀"[①]。从象形字来看,当时的连枷应当已经为两段式结构。

关于连枷,明确的文献记载出现在春秋时期。左丘明《国语·齐语》载:

> 令夫农,群萃而州处,察其四时,权节其用,耒耜枷芟(shān),及寒,击藁(gǎo)除田,以待时耕。

汉人韦昭注曰:"枷,柫(fú)也,所以击草也",枷就是敲击谷物的连枷,可见齐国(今山东半岛)已使用连枷脱粒。此处将连枷与耒、耜、芟等并列,足见其在农业生产中的重要性。此外,西汉扬雄《方言》载:

> 佥(qiān),宋魏之间谓之摄殳,或谓之度。自关而西谓之棓(bàng),或谓之柫。齐楚江淮之间谓之柍(yàng),或谓之桲(bó)。

东晋郭璞注:"佥,今连枷,所以打谷者。"许慎《说文·木部》曰:"柫,击禾连枷也。"足见汉代连枷的使用范围已经非常广泛,只是称谓不尽相同。唐代颜师古《汉书注》曰:"柫,音佛,以击治禾,今谓之桵枷。"进一步明确了"连枷"的称谓。

山东邹城汉代石刻、甘肃嘉峪关魏晋墓葬壁画、敦煌莫高窟中唐时期壁画等均出现了持连枷脱粒或准备脱粒的农作场景,包括单棒连枷、独条连枷、双条连枷等类型。

---

① 徐云峰. 试论商王朝的穀物征收[J]. 中国农史,1984(04).

第一节 连枷

打谷壁画·甘肃嘉峪关新城魏晋壁画墓 5 号墓出土
甘肃省嘉峪关新城魏晋壁画墓博物馆·藏
图片出处：徐光冀主编《中国壁画出土全集（甘肃宁夏新疆卷）》

　　连枷的形制，自汉代后变化不大。汉代《释名·释用器》详细记载了其功用和形状：

> 枷，加也，加杖于柄头，以挝穗而出其谷也。或曰罗枷，三杖而用之也；或曰丫丫，杖转于头，故以名之也。

　　明确连枷是在长柄前加一可转动的木杖。元代《王祯农书》载：

> 击禾器……其制：用木条四茎，以生革编之，长可三尺，阔可四寸。又有以独梃为之者。皆于长木柄头造为摆（huàn）轴，举而转之，以扑禾也。

　　这里"梃"也是指木条，"摆"作"穿""贯"之意，"摆轴"即是穿过木柄头的转动轴。可见，伴随加工技术的进步和谷物产量增加所带来的使用需求上升，除单一木条（独梃）外，还演变出由数根木条组成的连枷拍，单次敲击范围变大，提高了脱粒功效。"南方农家皆用之。北

167

第六章　脱粒加工类农具

方获禾少者，亦易取办也"，可知，当时连枷在南北方都有使用，而且在南方使用更为频繁，元人周密寓居杭州时著《癸辛杂识》，载："今农家打稻之连枷，古之所谓拂也。"苏州人俗称连枷脱粒为"甩榔柱"，非常形象。

元代《王祯农书》中连枷的插图和解说，被后来的一些农书广为引用。如明代徐光启《农政全书》，清代鄂尔泰、张廷玉等编撰的《钦定授时通考》，清代陈梦雷等人编撰的《古今图书集成》等，侧面说明了连枷的使用范围之广泛。

与手持棍棒脱粒相比，连枷脱粒有几个显著优点：一是连枷手柄长度数倍于手臂长度且操作者是站立作业，有效地提高了敲杆的落地速度和击打力度，同时还减轻了劳动者的疲劳程度。二是利用棍棒敲打脱粒，其击打部位只能在棒端，而连枷敲杆水平落地，尤其是拍式敲杆的使用，增加了有效打击面、提高了脱粒功效。三是手持棍棒脱粒时，手会受到反力，无法全力而为；连枷脱粒时，手柄与敲杆为铰接，反力几乎为零，更能使出全力。四是双手持柄可使劳动者体力发挥更充分，更好地控制敲杆的力度、方位[①]。

南北朝以后，北方地区出现了碌碡。其形多为实心圆柱体，材质多为石质，以借助其自身重力来为碾麦脱粒。当碌碡以畜力牵引时功效甚高，"凡服牛曳石滚压场中，视人手击取者力省三倍。"但在晒谷场上时，碌碡多以人力牵引，以避免牲畜的粪便弄脏粮食。由于碌碡非常重，因此人力拉碌碡十分辛苦。

与之相较，连枷以制作简单、操作便捷、适用多种谷物、省时又省力等优点，深受广大农民喜爱，一直使用到现在。

---

① 周靖."一夜连枷响到明"——打连枷的力学[J]. 力学与实践，2012（06）：93-97. 此处略有修改

第一节 连枷

《山村跃进图》（局部）·关山月绘（1958年）
| 深圳市关山月美术馆藏 |
| 董蔚·拍摄 |

画面为鄂北地区打场收粮场景，图片中上方草垛前的农具即为碌碡。

三

艺术源于生活，在许多文学作品中，也能看到连枷的身影。北宋宋祁《湖上见担稻者》中写道：

压塍（chéng）①霜稻报丰年，镰响枷鸣野日天。辅郡不知为水耨，楚农新教命家田。

---

① 田埂。

第六章　脱粒加工类农具

汉代农耕画像石·山东省邹城市（原邹县）面粉厂工地出土
|山东邹城市文物管理局·藏|
|王宪明参考杨晞智《山东汉画像石中的农具研究》·绘|

画像中自左向右起：第一人挑着担子，第二人肩上扛着锸或锹，弯腰向前走，像是干完农活回家。中间二牛抬杠拉着一直辕犁。再往右看，一位农民右肩上扛着的就是双条连枷。

以"压塍霜稻报丰年"吟诵了当年水稻丰收景象；以"镰响枷鸣野日天"道出了其时的水稻收割工具与连枷脱粒方式，并从侧面反映了农民收获之艰辛。

宋代范成大在《秋日田园杂兴》中咏叹：

新筑场泥镜样平，家家打稻趁霜晴。笑声歌里轻雷动，一夜连枷响到明。

描绘了人们载歌载舞，在欢声笑语中通宵抢脱稻粒的场面。明代的《打谷竹枝词》则更富于民间气息：

连枷拍拍稻铺场，打落将来风里扬，芒须秕谷齐扬去，粒粒珍珠著斗量。

第一节 连枷

以轻快的方式，道出了打场、扬场之后，农人见到粒粒粮食的欢乐之情。元末明初诗人高启《打麦词》：

> 雉雏高飞夏风暖，行割黄云随手断。疏茎短若牛尾垂，去冬无雪不相疑。场头负归日色白，穗落连枷声拍拍。呼儿打晒当及晴，雨来怕有飞蛾生。卧驱乌雀非爱惜，明年好收从尔食。

则是描绘了因"去冬无雪"致使夏麦歉收，所以要趁着天气晴好赶紧用连枷打麦、晒麦的夏收场景。

在耕织图中，连枷的形象也经常出现。宋代楼璹《耕图二十一首·持穗》诗曰：

> 霜时天气佳，风劲木叶脱。持穗及此时，连枷声乱发。黄鸡啄遗粒，乌鸟喜聒聒（guō）。归家抖尘埃，夜屋烧榾柮（gǔ duò）。

不仅提到了当时的脱粒过程叫作"持穗"，还把脱粒时家家户户都普遍使用连枷，稻场上一阵噼里啪啦连枷响的场景描绘了出来。此外，清代焦秉贞绘《御制耕织图·持穗》中有康熙所题"霜天晓起呼邻里，遍听村村打稻声"；《雍正像耕织图册·持穗》也有"响落连枷急，尘浮

171

打枷图·明代宋应星《天工开物》

打枷图·古今图书集成图纂，内府全图，农事卷，清刊本，黑白版

第六章　脱粒加工类农具

夕照浓"等词也都生动描写了连枷工作时的场景,反映了连枷使用之多之泛的情况。

尽管有连枷相助,打场仍是很辛苦的一项工作,为了给自己加油鼓劲,也增加劳动乐趣、减少疲劳,人们往往会边打边喊号子或唱歌,湖北、江苏等一带都有流传已久的打连枷号子或打麦歌,这也体现了中国劳动人民的生活智慧和不畏辛苦的乐观精神。潜江民歌《嗻咚嗻》、靖江民歌《打麦号子》都是其中的佼佼者,以非物质文化遗产的方式继续为人们的生活增添光彩。

值得一提的是,唐宋时期,连枷还一度被用作兵器,在战场上发挥作用。作为兵器的连枷被称为"拂樵枷",其"状如打禾连枷",但它的敲打部是铁制的,因此比打禾的连枷要重得多,杀伤力也很强。现代双节棍也是连枷更新换代之后的产品。不过,连枷"弃农从戎"、用作兵器的历史很短暂,到了南宋,火药用于战争之后,连枷也就失去了用武之地,又由军队"转业复员"到农村麦场上了。

连枷自发明以来,其形制和功效没有太大的变化,一直是中国最主要的脱粒农具之一。现代脱粒机出现后,连枷已经逐步从人们的视野中退去。但在丘陵山区的农村,这种简便高效的手工脱粒农具仍在使用。

近代不同形制的连枷
|中国农业博物馆·藏|

第二节 风扇车

> 因风吃糠秕，编竹破筠箭。
> 精良止如留，疏恶去如摈。
> 如摈非尔憎，如留岂吾吝。
> 无心以择物，谁喜并谁愠。
> 翁乎勤簸扬，可使糠秕尽。
>
> ——宋代王安石《和圣俞农具诗十五首其六飏扇》

一

风扇车是一种去除谷壳的农具，又被称为风柜、扇车、飏车、扬车、飏扇等。

谷物收获后，需要进行脱粒、去壳，以及扬弃谷壳、糠秕和杂物等工序。在风扇车出现之前，人们多先通过扬场去除杂质，再用簸箕进行清选。扬场一般是用木锨等工具将晒干的粮食掀向空中，利用风力、质量不同来清除杂物，功效不高、占地面积大、受天气限制多。

与之相比，风扇车的优点非常明显。它利用空气流动原理，人为制造风力来进行连续的扬谷除杂，不仅不占地方，还大大提高了清选功效和质量，也不再受空间和天气的影响，被赞为"凡蹂打麦禾等稼，穰秅（ráng hé）相杂，亦须用此风扇，比之枚（xiān）掷箕簸，其功多倍"。

第六章 脱粒加工类农具

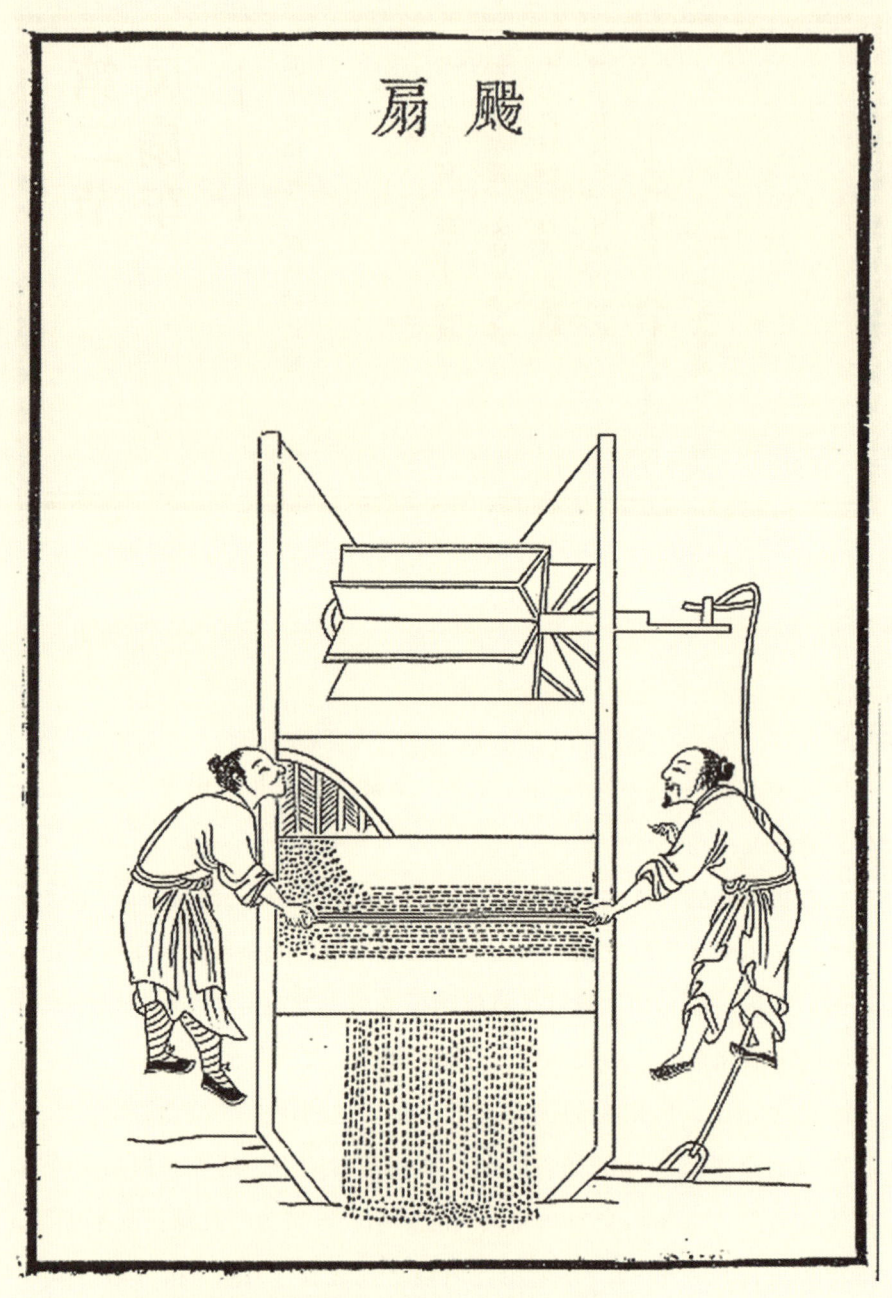

飏扇·古今图书集成图纂，内府全图，农事卷，清刊本，黑白版

第二节　风扇车

二

关于风扇车的发明，周昕在《中国农具发展史》中给出的解释或可以参考："当人们发明了手摇扇子之后，开始想到做成大的扇子，在扬晒谷物时用于剔除糠秕。大扇子太大，人拿着很费力，于是人们借鉴房门的形式，将扇子上下端固定于轴承内，再将扇子的轴线对面安上手把，人抓住手把就可以比较方便省力地扇风了。在这个基础上，人们又将风叶增多，将扇子由摆动变成转动，由单页变成多页，于是轮式风扇车就这样诞生了，再进一步改进，将风轮封闭在一个圆形箱体中，只在箱体的一侧留一个出风口，这样风轮转动时所形成的风力既集中又定向，于是一个风扇车的雏形就形成了。"[1]

风扇车至迟在汉代就已经发明。西汉《急就篇》记载了当时主要的谷物加工农具："碓硙䃀（tuí）扇舂簸。"唐颜师古注："扇，扇车也。"所指应为风扇车。虽没有这一时期的实物风扇车出土，但作为明器的风扇车或带有风扇车形象的画像砖，集中在河南、山西、四川等地的汉代遗址出土，说明当时风扇车已经在以上地区得到广泛使用。

自发明后，风扇车的形制就在不断地完善优化。早期风扇车的风箱体为长方形或梯形，汉代出土的风扇车模型皆为此类。按风扇轮与箱体的位置关系，又分为半封闭式和全封闭式。半封闭式扇车将扇轮夹于两箱板之间，轴位于中间高度或置于箱顶。封闭式扇车则将扇轮封在箱内，进风口位于轴部，箱内气流能够顺应离心运动方向；出风口缩小，可在提高出风动压的同时，防止气体漩涡回流，将糠秕输送得更远。这一时期的风扇车已是结构复杂的农机具，设置风扇、横轴、曲柄等机械元件，充分利用了机械能与风能之间的转化，蕴含着能量转化的科学知

---

[1] 周昕. 中国农具发展史 [M]. 济南：山东科学技术出版社，2010.

第六章　脱粒加工类农具

汉代舂米画像砖·四川彭州市东汉遗址出土（拓片）

|中国国家博物馆·藏|

|董蔚·拍摄|

　　右下方有两人在合作剐除糠秕，靠左边的农人所使用的工具为"门"形，下端固定，上端供手执。靠右侧的农人正将肩上扛粮斗中的谷物徐徐倒下，在谷物下落过程中，左侧农人两手各执一片"门"形扇叶，来回扇动形成风力，糠秕则被扇起的风吹向一边。这种门式大风扇，是目前所知最早的立轴式风扇。

识；设置启门来实现对粮食下落速度的人工调节，实用性强，功效高。

　　唐宋时期，风扇车得到进一步推广。元代《王祯农书》也详细介绍了风扇车。

　　《集韵》云：飏，风飞也。扬谷器，其制：中置箅（sǔn）轴，列穿四扇或六扇，用薄板，或糊竹为之。复有立扇、卧扇之别。各带掉轴，或手转，足蹑，扇即随转。凡舂辗之际，以糠米贮之高槛，槛底通作區缝下泻，均细如籭（shāi），即将机轴掉转扇之。糠粞（xī）既去，乃得净米。

　　即风扇车形制多样，其扇叶有四扇或者六扇，其叶轮装置方式，有

第二节 风扇车

木雕虎头风扇车·清道光年间山西稷王庙献殿前檐栏板木雕

立扇式、卧扇式之分，其驱动方式，有手摇式、足踏式之分。并肯定其通过风力去除谷壳、杂物的功效。实际使用中，以手摇驱动的卧式风扇车最为普遍。

风扇车成熟的重要标志是明代圆柱体风箱结构风扇车的出现。人们在长期使用中，发现在离心力作用下，长方形箱体会导致其内侧四个边角产生涡流造成阻滞，影响风轮运转，降低工作功效，圆柱形风箱体则没有这个问题。过去学界一直认为这种风扇车明末才出现，因这类风扇车，最早见于明代宋应星《天工开物》。后据专家[1]考证，明代《顾氏画谱》收录了杜堇（jǐn）的一幅画稿，其中出现了一具带有圆筒状鼓风结构的风扇车，杜堇的艺术活动期在15世纪下半叶，故把这种风扇车的发明年代提前了100多年。

至迟在明代，虎头风扇车也出现了。顾名思义，其正视面像老虎头

---

[1] 史晓雷. 风扇车的年代疑案［J］. 百科知识，2012（15）：32-33.

第六章　脱粒加工类农具

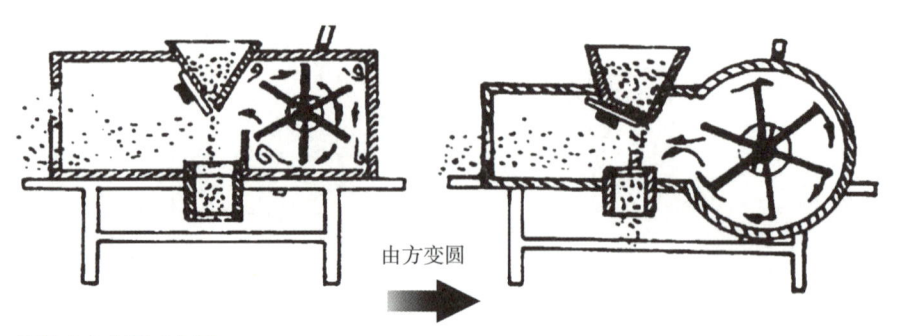

箱体由方变圆示意图
| 王宪明参考张鹫忠《中国风扇车小考》·绘 |

部。这个头部其实是与风轮轴成约 60° 的出风口，相应地，其漏斗位置也抬高了，并且下方没有竖向支架，箱体直接贴近地面。由于出风口抬高，谷物倾泻高度增加，扬谷效果较好，也更适合大颗粒的谷物。

三

作为重要的去除谷壳工具，风扇车与农人的农业生产密切相关，也在诗词作品中留下一席之地。北宋梅尧臣《和孙端叟寺丞农具·飏扇》赞之：

> 飏扇非团扇，每来场圃见。因风吹糠粃，编竹破筠箭。任从高下手，不为暄寒变。去粗而得精，持之莫肯倦。

北宋王安石《和圣俞农具诗十五首其六飏扇》曰：

> 精良止如留，疏恶去如摈。如摈非尔憎，如留岂吾吝。无心以择物，谁喜并谁愠。翁乎勤簸扬，可使糠秕尽。

赞美风扇车去杂物留精良功效之余，更借物喻人，抒发了自己力主变法、革新除旧的宏图大志。

风扇车的发明和使用，对古代农业生产和社会发展都起到了重要的

第二节 风扇车

风扇车·明代杜堇《顾氏画谱》
王宪明参考史晓雷《风扇车的年代疑案》·绘

从风扇车下部三个盛具看，此时的风扇车形制已经与近代的风扇车非常相似了，功能方面实现了三级筛选，即重者（谷实）、稍轻（秕）、最轻（糠灰）三者有各自的出口。一个出粮口在正面，另一个出粮口在底部，糠灰则由出风口出来。这样只需扇一次，就可把谷、秕、糠分开，较单出粮口的风扇车需先从把谷糠扇出，再将谷实、秕分开的方式，工序更为简化、工作时间也缩短了，生产功效也大幅提升。

这种两出粮口交叉布置还有一个优点，就是承接器具互不妨碍，便于收集[①]。

推动作用，在世界农业生产史上也产生了非常深远的影响。英国李约瑟博士评价："中国旋转式鼓风机一个突出的特点是进风口总是在中央，因此必须承认它是所有离心式压缩机的祖先，甚至连现代的巨型风洞也是从它们演变出来的……是中国技术的一个典型项目，似乎确定的是，所有欧洲旋转式气体鼓风机都从它演变出来。"[②]

---

① 史晓雷.《王祯农书》中的"飏扇"新解[J]. 中国农史，2011（03）：32-39.
② 李约瑟.《中国科学技术史·机械工程》[M]. 北京：科学出版社，1999.

第六章　脱粒加工类农具

麦收打场图·山西太原万柏林区居贤观明代万历年间壁画
| 王宪明参考史晓雷《山西太原居贤观明代壁画中的风扇车》·绘 |

　　这是中国迄今最早的虎头风扇车图像。从壁画右下角已经闲置的石碌碡可推知，此时正处于脱粒之后簸扬的场景。画面中上部站着一位男子，正向风扇车漏斗处倾倒谷物，前方被风吹撒的谷物壳在壁画中清晰地呈现出来。在风扇车后方，一男子似在俯身摇曲柄。

近代风扇车
| 中国农业博物馆·藏 |

近代虎头风扇车
| 中国农业博物馆·藏 |

第二节 风扇车

风扇车·明代宋应星《天工开物》

183

第三节 碓臼

> 延力借身，垂以践碓。
> 早禾玉粒自天泻，村北村南喧地碓。
> ——南宋陆游《秋词》

一

碓，是用于舂捣的农具。东汉桓谭《新论·离事篇》说：

> 宓（fú）牺之制杵臼，万民以济。及后世加巧，因延力借身重以践碓，而利十倍杵臼。又复设机关，用驴骡牛马及役水而舂，其利乃且百倍[①]。

元代《王祯农书》说：

> 昔圣人教民杵臼，而粒食资焉。后乃增广制度，而为碓、为砲、为磑、为碾等具，皆本于此……碓，舂器，杵臼之一变也。

近代木臼及木臼棒
中国农业博物馆·藏

---

① 桓谭. 新论新辑本[M]. 北京：中华书局，2009：50-51.

第三节　碓臼

由此可见，碓经由杵臼演变而来，其功能与杵臼相同，至迟在汉代就已经出现。相较于需要双手持杵、上下舂物的杵臼，碓则运用了更多的科学原理，更为省力高效。

二

碓的发展过程大致经历了人力踏碓、畜力碓、槽碓、水碓和连机水碓，其功效逐步提高。人力踏碓运用了杠杆原理，通过碓杆省力的同时，还以脚踏方式借助了自身重力，"延力借身，重以践碓"，劳动功效较高。其形制一般为碓窝筑于地面，碓头在碓窝正上方，碓杆一头连着碓头，一头支在架子上，工作时人将碓杆踏起，然后松脚，碓杆下落、碓头便可舂击碓窝中的谷物，循环往复，以重力、摩擦力来进行谷物加工。

汉代灰陶舂米人物雕塑
|中国农业博物馆·藏|

东汉绿釉陶磨坊·河南省三门峡市灵宝市点头村出土
|河南博物院·藏|

这件陶磨坊长19厘米、宽22厘米、高11.5厘米，体呈方形，三面有界墙，无房顶，碓有两套，反映粮食加工过程中碓的使用需求较大。

第六章 脱粒加工类农具

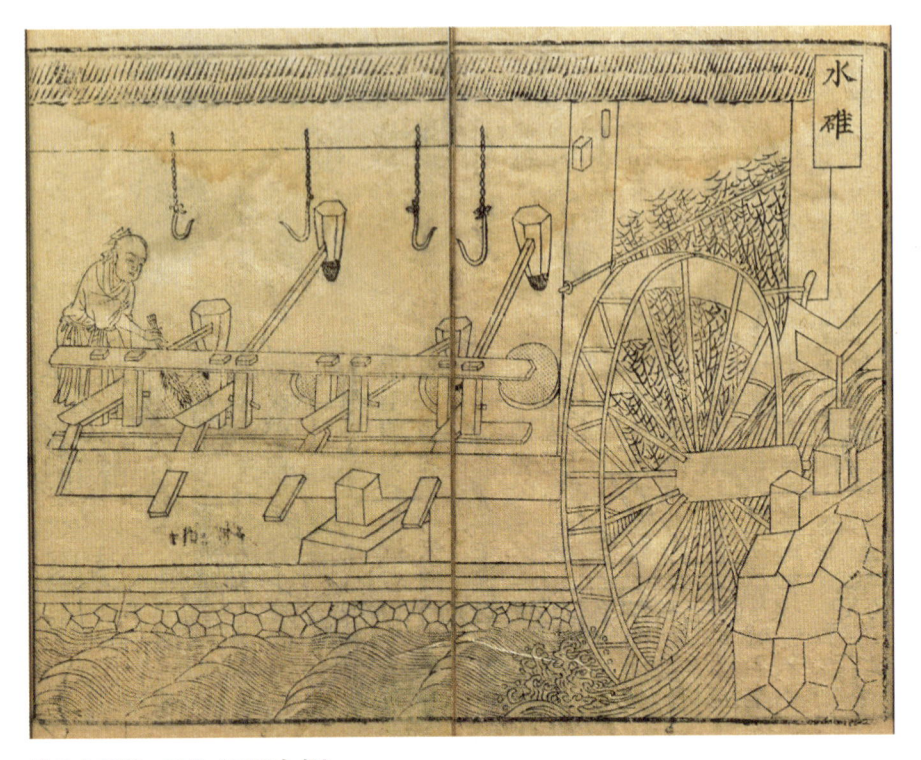

连机水碓图·元代《王祯农书》

考古发现中，实用器踏碓出土很少，仅在河南三杨庄发现一件，且只剩石质碓头，未见木质碓身（或已腐烂）。汉代明器踏碓出土则非常多，主要集中在陕西、山西、河南、河北、山东等黄河中下游地区，甘肃、湖北、四川、江苏等地也有出土，足见其使用范围之广泛。

古人对碓的动力方式进行了改进，逐步创造出畜力碓和水力碓，并进一步实现操作上的自动化。畜力碓形制如何已无从他考，但水碓却流传下来，成了重要的加工工具，并在后世不断改进。东汉孔融赞之："水碓之巧，胜于圣人斫木掘地。"

槽碓是水碓的初级模式，由踏碓改进而成。其动力是水，但水量要求不大，只要"间有泉流稍细，可选低处置碓一区，一如常碓之制，但前桯减细，后梢深阔为槽，可贮水斗余"。有细流即可，适用范围非常

第三节 碓臼

槽碓·古今图书集成图纂，内府全图，农事卷，清刊本，黑白版

第六章 脱粒加工类农具

广。它将踏碓用脚踩的一端改为成贮水槽,"乃自上流用笕(jiǎn)[①]引水下注于槽,水满则后重而前起,水泻则后轻而前落,即为一舂。如此昼夜不止,毇(huǐ)米两斛,日省二工,以岁月积之,知非小利",可知其使用时完全不用人力,全靠水力驱动;灵活运用了杠杆原理,整体功效优于普通踏碓。

机碓在槽碓之后出现,其建造更为复杂、对水力的利用率更高,尤以连机碓为甚。东汉《通俗文》:"水碓曰翻车碓。"即水碓是由水力带动轮转动,进而带动碓头。早期的机碓只有一个碓头,其加工功效虽然比踏碓、槽碓要高,但远不及连机碓[②]。学界普遍认为,连机碓是西晋杜预发明的。宋代高承《事物纪原》说"晋杜预作连机之碓,借水转之",但没有连机水碓的详细说明。相较于汉代及三国时期,晋代与水碓相关的文字记载十分常见,足见此时人们对水碓的利用更加频繁。如《晋书·石苞传》:"水碓三十余区。"《晋书·王戎传》:"广收八方园田水碓,周遍天下。"等等。到南朝时,祖冲之又在连机碓的基础上发明了把水碓和水磨结合起来的水碓磨,能同时舂米和磨粉,工效进一步提高。

元代《王祯农书》、明代徐光启《农政全书》、明代宋应星《天工开物》等均详细描述了连机碓的形制,文字几乎相同,配图皆为一个水轮带动四个碓头的场景。此处以《王祯农书》为例:

> 轮轴长可数尺,列贯横木,相交如滚枪之制。水激轮转,则轴间横木,间打所排碓梢,一起一落舂之,即连机碓也。凡在流水岸旁,俱可设置。

---

① 指长竹管。
② 付娟. 汉代明器连机水碓考辨[J]. 古今农业,2015(04):22-30.

第三节 碓臼

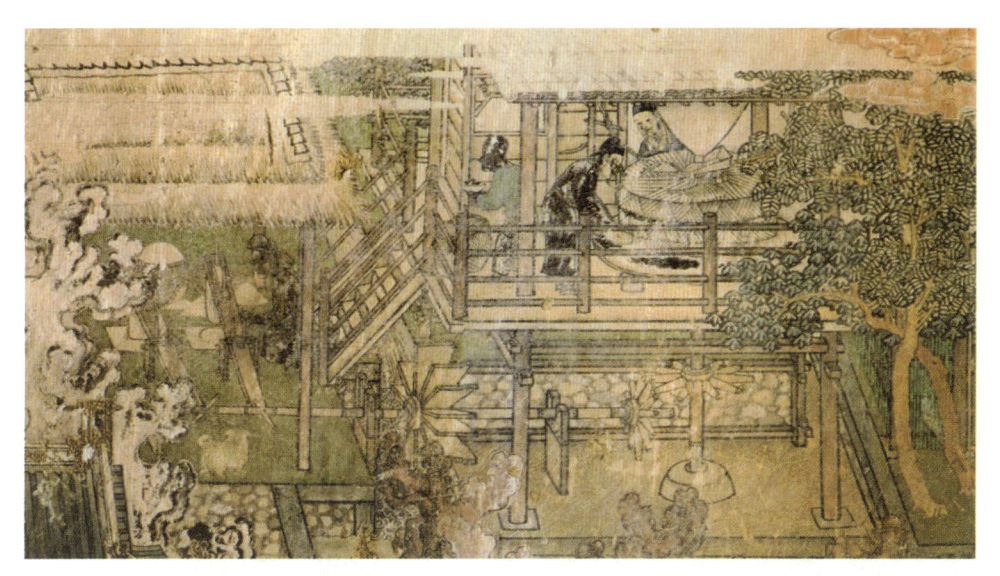

金代水碓磨坊图·山西繁峙岩山寺壁画[1]

  这是中国目前唯一描绘水碓磨的壁画。

  从壁画中可以清楚看到，该磨坊分为上下两层，上层是磨坊，下层则是碓坊，立式水轮的左侧有两个成一定角度的拨板，对应有两个碓杆在舂粮食。该水碓与元代《王祯农书》中记载的连机碓结构和工作原理如出一辙。同时也是中国最早呈现由一个水轮同时驱动碓与磨的机械装置的壁画，可见当时人们对于水能转换、轮轴原理的运用都已经非常熟练。

  连机水碓是用一根矮柱架起一根横杆，横杆的一端安装碓头，碓头下方为装有作物的臼，横杆的另一端则挨着翻车横轴所伸出来的拨板，利用水下落的水位差来推动水车转动，从而使拨板拨动碓杆，带动碓头连续起落，不断舂击碓头下面装有作物的臼。

  按照元代《王祯农书》的分类，按照水位落差的不同，连机水碓还可分为"撩车碓"和"斗碓"。前者适用于水落差较小的地方，通过设置障碍聚集水流，借此冲击翻车，即"如水下岸浅，当用陂栅；或平

---

[1] 图源：史晓雷《繁峙岩山寺壁画〈水碓磨坊图〉机械原理再探》。

第六章　脱粒加工类农具

西夏踏碓图·莫高窟榆林窟第3窟出土

流，当用板木障水；俱使旁流急注，贴岸置轮，高可丈馀，自下冲转"；后者则适用于落差较大的河流，可利用木槽引水来直接冲击轮板，以带动水轮转动、实现水碓作业，即"若水高岸深，则为轮减少而阔，以板为级，上用木槽引水，直下射转轮板"。至于碓头的个数，则与水碓所在地区的水资源的丰富程度及水的落差大小有关，水资源越丰富，水的落差越大，水能就越大，可带动的碓头就越多。《天工开物》曰："设臼多寡不一，值流水少而地窄者，或两三臼；流水洪而地室宽者，即并列十臼无忧也。"[1] 在水碓的发明与使用中，人们将水能转化为动能，很好地实现了能量转化，也提高了劳作功效。

到明清时期，水碓的功能更加多样化，不仅用于舂米，还用于舂竹打浆造纸、舂粉造饼、舂树子造蜡甚至可用于舂打矿石。其使用范围也

---

[1] 宋应星. 天工开物[M]. 上海：世界书局，1936.

越发广泛，遍布全国各地。清修《江南通志》《江西通志》《浙江通志》《河南通志》《山西通志》《陕西通志》中都有水碓的记载，可见使用水碓已推广到了云南、贵州、西藏等地区向少数民族普及了[①]。

三

诗歌中碓臼的记载很多。宋代范成大《腊月村田乐府十首》中有"群呼步碓满门庭，运杵成风雷动地"；陆游《秋词》中有"早禾玉粒自天泻，村北村南喧地碓"，分别描绘了腊月里和秋收后家家户户以碓臼舂粮的场景；白居易《寻郭道士不遇》的"云碓无人水自舂"，贯休《山居诗二十四首》的"水碓无人浩浩风"，陆游《故山四首·其四·云门》的"野碓云边夜自舂"，等等，描述的都是水碓无须人力，便可不知疲惫地昼夜工作的情形，其自动化程度需和整体功效是人力和畜力不能比的。

碓臼自发明以来，已使用了2000多年，一直是中国重要的生产、生活工具，对中国古代乃至近代的粮食加工做出了重要贡献，使中国古代粮食加工水平始终处于世界领先地位。水碓的发明和使用不仅是机械技术的重大进步，也反映了人类利用大自然能力的大幅提高。

---

① 殷志华. 古代碓演变考［J］. 农业考古，2020（01）：106–111.

第六章 脱粒加工类农具

春

杵臼

春·古今图书集成图纂，内府全图，农事卷，清刊本，黑白版

第四节 旋转石磨

> 天地如转磨，屑屑今古人。
> 利齿旋转，破麦作麸，然后收之筛箩，乃得成面。世间饼饵，自此始矣。
> ——元代《王祯农书》

一

旋转石磨是用人力或畜力把谷物去皮或研磨成粉末、浆体的粮食加工工具，最初称为䃺（wèi）。

至迟在新石器时代，中国北方就出现了在石质磨盘上用磨棒砸碾谷壳的原始加工方法，后逐渐出现了杵臼、碓、砻等加工方式，到旋转石磨出现后，谷物加工功效得到显著提升，因而旋转石磨被认为是谷物加工史上的重大变革，被马克思赞为"最先应用机械原理的劳动工具"。

二

东汉许慎《说文解字·石部》曰："䃺（mó），石䃺也。"清代段玉裁《说文解字注》曰："今字省作磨，引申之义为研磨。"另有异体字"䃺（wèi）"，与之同义。明代张自烈，廖文英《正字通》："䃺，碎物之

第六章 脱粒加工类农具

河北磁山文化石磨盘和石磨棒
|中国农业博物馆·藏|

汉代陶磨·河南省周口市淮阳县出土
|河南博物院·藏|

东汉褐釉陶推磨俑
|中国农业博物馆·藏|

器，古公输班作硙。"指出旋转石磨是春秋时期鲁班发明的，这段话的真实性待考证，但根据出土文物，中国考古发现的最早的旋转石磨出土于战国时期秦汉栎阳城遗址[①]，其发明时间应该远早于此。

---

① 田醒农，雒忠如. 秦都栎阳遗址初步勘探记[J]. 文物，1966（1）：10-18.

第四节　旋转石磨

石磨形制在南北朝时期已基本定型。一般由两块厚扁的圆柱形石头组成上下扇，接触面均刻有磨齿，形成有一定空隙的磨膛。下扇中间凿一较浅的孔洞，楔入一铁柱用于固定，这个铁柱同时也是上扇转动的轴心。上扇设置一到两个放入粮食的漏孔，称为"磨眼"。工作时，上下扇相合，下扇固定，上扇绕轴转动，在这个过程中，上扇的磨齿与下扇的磨齿不断地咬合、相错、再咬合、再相错，局部形成了微小的相对位移，粮食便通过磨眼不断进入磨膛。在两扇磨盘滚动的过程中，粮食便被研磨成粉末，再从夹缝中挤压到磨盘之上，可见磨盘设计之巧妙。

旋转石磨研磨的秘诀在于磨齿，其发展可分为三个阶段。第一阶段为战国—西汉时期。这个阶段磨齿主要为凹坑状，有少数为粗斜线形，应是人们对于新型磨齿的探索。第二阶段为东汉时期。这个阶段是磨齿的发展阶段，出现了多种多样的磨齿形状。这当中，以辐射形磨齿最为常见，南北诸多地区皆有出土。第三阶段是三国—隋唐时期。这个阶段是磨齿发展的成熟阶段，八区和十区斜线形磨齿逐渐成为主流。人们在经过前一阶段的数种磨齿并用之后发现，辐射型磨齿仍有较大缺陷，齿

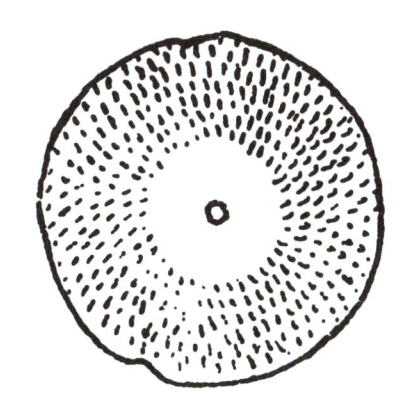

战国晚期石磨及其纹路示意图·陕西临漳县秦故都栎阳城出土

| 王宪明参考李发林《古代旋转磨试探》·绘 |

第六章　脱粒加工类农具

汉代石磨·洛阳孟津出土

河南博物院·藏

此件为明器，其扇厚5.1厘米、直径11.6厘米，磨体呈圆形，分为上下两扇，上扇中心有圆形粮栏。栏内有两圆孔，两孔中间竖一道隔墙，上扇外缘上有一个用来插磨杆的扁方形孔，栏外周刻划斜下行线三角形纹和三角形卷云纹，外墙刻划重叠式的卧人字纹；下扇内心有一个设置磨脐用的方形孔，下扇外墙装饰斜平行线。两扇里面均刻划斜线作磨齿。

槽分布中间太密而边缘太稀疏，容易堵塞，只有八区和十区斜线形磨齿才做到各区齿槽排列整齐、平行等分，疏密得当、磨面平整。因其较高的研磨质量和工作效能，且使用方便，这种八区和十区斜线形磨齿一直流行到近现代。

在五代时期卫贤绘的《闸口盘车图》中，呈现了官营水磨作坊加工粮食的忙碌场景，图中所绘水磨装置构造精准写实，是目前发现最早也是最完整的水磨机械图像资料。图中的水磨分为上、下磨盘，上磨盘悬挂于屋顶上，工作时保持不动；下磨盘由一根立柱连接卧式水轮驱动。如今这种形式的水磨在中国青海、甘肃等地仍有应用。

从机械原理来说，石磨属于轮轴类的省力机械，其本质是一种可连续旋转的杠杆。杠杆的支点位于轴线上，轮（即磨扇）与轴（即中心的铁柱）具有相同转速。力臂越长、需要的作用力越小，因此磨棍越

第四节　旋转石磨

晋代灰陶磨·郑州巩义出土

| 河南博物院·藏 |

从此件明器下磨扇可以看出，磨齿呈斜线六分区型，这是中国圆转磨磨齿发展过程的一种形态。晋代之后，大部分圆转磨的磨齿为八区斜线型。

长，就越省力。后期发明了推拉式磨棍，通过对磨棍的推拉，把前后作用力转变为石磨的转动，以磨棍为媒介，实现了棍的平动和磨的转动之间的转化。石磨在谷物研磨时，运用到了压力和摩擦力的转换。西晋时期发明的水磨和连磨，则运用了更多的传动知识，实现水力驱动，事半功倍。

磨作为最早的轮轴类工具之一，最初由人力推动，伴随石磨体积的增大，又发明了蓄力、水力作动力的石磨。其中，水磨是在水轮上安装一个主轴，主轴与磨的上扇扇柄相连，流水冲动水轮，从而带动扇柄转动。连磨则是由数只磨组成的磨群，通过齿轮连接。西晋嵇含《八磨赋》言："策一牛之任，转八磨之重。"

石磨将粮食的研磨从间断发力的上下方式，改为有规模、连续发力的旋转方式，显著提高了粮食加工的功效，也减轻了人们的劳动强度。此外，古代转磨均为纯手工制作，尤其是磨齿形状的设计与凿刻，体现了古代人民的智慧与加工技术的发达，是生产力发展、科学技术进步的重要体现。

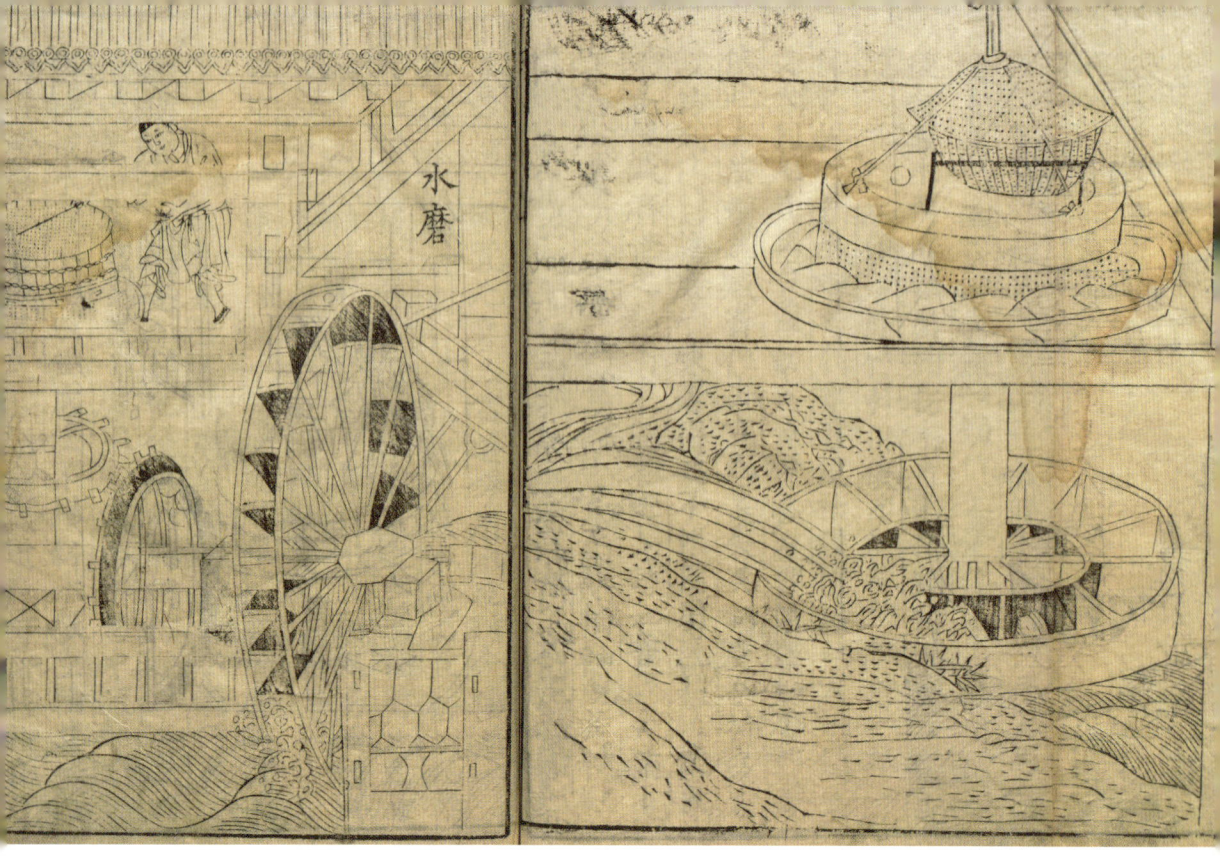

水磨·元代《王祯农书》

三

  石磨的发明创造，与小麦、大豆等粒状食物的加工息息相关。早期国人的饮食习俗多为"麦饭豆羹"或"豆饭藿（huò）羹"。所谓麦饭、豆羹，按唐代颜师古对《急就篇》的注释："麦饭，磨麦合皮而炊之也；甘豆羹，以洮（táo）米泔和小豆而煮之也。"即小麦、大豆都是直接粒食。石磨的诞生与普及，使得大豆、小麦的食用方法，由传统的粒食改为"面食"，反过来又促进了大豆和小麦的大面积推广种植，从而形成了南稻北麦的谷物结构。自此，小麦在北方地区逐渐上升为主导地位。

  石磨发明之后，人们可以轻松地加工出精细的面粉、爽滑的浆汁，进而加工成二级食物，大大丰富了人们的膳食结构。秦汉时期有白饼、烧饼、汤饼、髓饼、鸡鸭子饼等品种丰富的饼类[1]，西晋束晳专作《饼

---

[1] 赵梦薇. 战国秦汉旋转石磨的考古学研究［D］. 南京：南京大学，2016.

第四节　旋转石磨

近代石磨
|中国农业博物馆·藏|

赋》一首，赞其美味："行人失涎于下风，童仆空嚼而斜眄（miǎn）。擎器者呲唇，立侍者干咽。"闻到饼香，路人流下口水，仆人一边偷看一边空嚼，拿器具的侍从开始抿嘴，站着的侍从则开始干咽口水，饼食的美味跃然纸面。汉代人利用石磨，学会了制作豆腐。

经石磨加工后的食物进一步丰富了人们的膳食结构，增加了营养摄入，也为中国饮食文化的源远流长奠定了重要基础。

宋代梅尧臣说"天地如转磨，屑屑今古人"，借磨之循环往复，叹人生之无常；陆游以"白石磨樵斧，青竿理钓丝"，写出一丝闲游兴致。关于磨的歇后语有很多，而且往往与驴有关，如"驴拉磨牛耕田——各干各的活，各走各的路""驴子赶到磨道里——不转也得转"等，可见长期以来，驴都是磨的好伙伴。当代作家魏明伦《磨盘赋》：

> 磨盘推日月，磨道绕春秋。春种夏长，秋收冬藏。愿仓廪积粮成山，守磨房挥汗成雨。稻麦磨成白玉屑，苞谷磨成黄金沙。青纱高粱，磨成红粉；绿荚大豆，磨成雪浆。北方磨豆汁，南方推豆花。

此赋列举了经磨加工后的诸多美食，道出了磨与人们生产生活的紧密联系。

现今，石磨仍经常出现在房前房后，成了农家特色风景。

第六章　脱粒加工类农具

《闸口盘车图》（局部）·五代十国卫贤绘（传）

上海博物馆·藏

第四节　旋转石磨

水转连磨

水转连磨·古今图书集成图纂，内府全图，农事卷，清刊本，黑白版

第六章　脱粒加工类农具

连二水磨·古今图书集成图纂，内府全图，农事卷，清刊本，黑白版

第七章 小物件，大作用

四两拨千斤，小物件也能发挥大作用。

牛是农民的好帮手。但是牛这种动物，个头大、脾气倔，如何肯听从人的驱使？春秋晚期，人们已发现牛的鼻子敏感、怕疼，且鼻中隔薄、易穿，在牛的鼻中隔处穿孔、套环，环上连绳索，便可轻易使牛驯服。无论体积还是造型，牛鼻环都是一个不起眼的小物件，但恰恰是它，巧妙地解决了犟牛的降服问题，使牛能够服从人的役使。从此，畜力取代人力，铁犁牛耕这一农业科技史上的伟大发明创造得以广泛应用。而牛轭，则是联接耕牛和耕犁的辅助用具，多为木质。牛轭驾于牛颈之上，耕盘系于犁辕前端，二者通过绳索、挂钩连接，使牛耕地时转向灵活、更易发力。牛轭经历了由『直』到『曲』的变化，使牛的受力更为均匀、稳定。

以牛鼻环、牛轭与耕盘为代表的小物件，在古人的巧妙运用下，发挥了大作用，推动了农业的发展。

第一节 牛鼻环

> 五尺竖子引起棬,而牛恣所以之。
>
> 四两拨千斤,役牛先穿鼻。

一

牛鼻环,又称"桊""棬"[均读(juàn)],《说文》曰:"桊,牛鼻中环也,"即穿过牛鼻的圆环或小棍。无论体积还是造型,牛鼻环都是一个不起眼的小物件,但恰恰是它,巧妙地解决了犗牛的降服问题,使牛能够服从人的役使。从此,畜力取代人力,铁犁牛耕这一农业科技史上的伟大发明创造得以广泛应用。山西省浑源县李峪村春秋墓中出土了一件穿鼻环的青铜牺尊,证明了在春秋时期,我国先民就已经掌握"牛鼻环"技术。

二

春秋时期,牛耕已经出现。晋国贵族范氏、中行氏不懂得体恤民之所苦,却想在晋国擅政,结果落得其子孙到齐国驱牛耕田,《国语·晋语》最

第七章　小物件，大作用

早记载的"宗庙之牺为畎亩之勤"，也说明当时牛耕已经较为常见。但是牛这种动物，个头大、脾气倔，如何肯听从人的驱使？战国末年《吕氏春秋·重己》载：

> 使乌获疾引牛尾，尾绝力勤（dān），而牛不可行，逆也。
> 使五尺竖子引其棬，而牛恣所以之，顺也。

秦国大力士乌获，想拽住牛尾把牛推走。但牛倔起来，虽尾巴扯断、力气用尽，还是不肯走。但若小孩牵住牛鼻环，就能让牛乖乖听话，任他拉走。

古人发现牛的鼻子极为敏感、怕疼，且鼻中隔薄、易穿，在牛的鼻中隔处穿孔、套环，环上连绳索，或直接将绳索穿于孔上，便可轻易使牛驯服。

耕地壁画·甘肃嘉峪关新城魏晋壁画墓 13 号墓出土
|甘肃嘉峪关新城魏晋壁画墓博物馆·藏|
|图片出处：徐光冀主编《中国壁画出土全集（甘肃宁夏新疆卷）》|
　　一人一牛正在耕地，牛鼻上可以明显看到鼻环。

第一节 牛鼻环

正是小小的牛鼻环，促成铁犁牛耕的推广，从而带动个体农耕经济的发展，为封建农业取代奴隶制农业奠定了坚实的物质基础。

三

这种驭牛技术，最早见于《庄子·秋水》：

牛马四足，是谓天；络马首，穿牛鼻，是谓人。

牛、马四条腿，是天生的；马套笼头、牛穿鼻器，是人所为。时至今日，牛鼻环仍在我国农村广泛使用。

牺尊·山西浑源县李峪村出土
|上海博物馆·藏|
|王宪明·绘|

此牺尊高33.7厘米、长58.7厘米，纹饰华丽繁缛，构图十分新颖。牛首面部最醒目的地方，莫过于穿过牛鼻的大圆环。此为牛耕至迟出现在春秋时期晚期的物证。

第二节 牛轭与耕盘

> 既同济世功，宁辟力田亩。
>
> 轭，辕前也。
>
> ——东汉许慎《说文解字》

一

牛轭与耕盘，都是耕地过程中的辅助工具，往往同时出现，两者共同作用以实现力的方向改变。从而使牛在耕地时省力高效，为历代社会的农耕活动做出了重要的贡献。

二

牛轭是套在牛脖子上的木架，至迟在汉代出现。东汉许慎《说文解字》曰："轭，辕前也。"元代《王祯农书》载：

> 元代"牛"轭字亦作軏（yuè），服牛具也，随牛大小制之。以曲木，窍其两旁，通贯耕索，仍下系鞅板，用控牛项，轭乃稳顺，了无轩侧。

第二节 牛轭与耕盘

　　牛轭是服牛器,大小依照牛的体形而定。用弯曲的木头架在牛身两侧,套上耕盘,下面系着鞅板,两边系上绳索使牛轭卡在牛脖子附近,比较稳定,不容易左右晃动。

　　牛轭并非自始就是弯曲的。最早用于驾驭耕牛的轭是直的,架在牛角上,称"牛角轭"。即用一根长的横木绑在两头牛的角上,横木中间与犁的长辕通过耕盘相连接。后来才出现了"直肩轭",顾名思义,横木从牛角处向后移至牛肩峰处。相比于直角轭,直肩轭减少了对牛头部的外力,一定程度上保护了耕牛;增大了轭与牛的接触面积,使牛所受的力传导更为均匀,减少了牛的不适感,也相应增加了可耕作时间;又因牛肩峰的高度比直肩轭要高,使轭在牛肩处得到了稳定的支撑点,使用时不易脱落,功效提高。直肩轭的发明,在汉代促进了牛耕的推广。

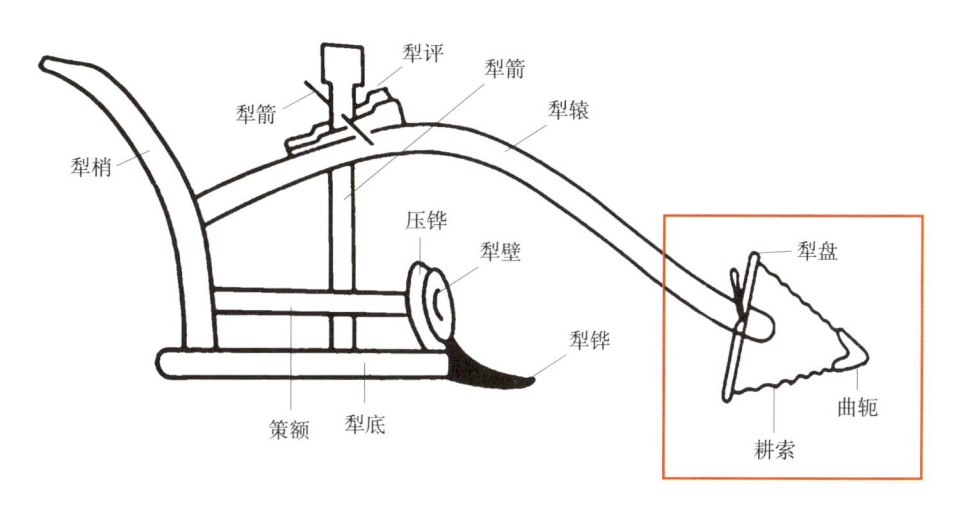

牛轭与耕盘示意图
| 王宪明参考胡泽学《中国传统农具》·绘 |

　　水平牵引力在耕盘与牛轭之后通过辕传导到垂直或斜切入地的犁、耙等农具上。

　　元代《王祯农书》载:"轭也如折磬,居然在牛领。止转盘乃安,引耕索还整。屈形深拥肩,藉力控垂颈。归挂屋厦时,嘉苗满田顷。木、金十一事,耕盘踞犁首。左右连双藤,圆转括枢纽。轭也导吾前,辕兮从吾后。既同济世功,宁辞力田亩。"

209

第七章 小物件，大作用

汉代牛耕石刻壁画拓片·山东济宁金乡香城堌堆石椁出土
| 山东省石刻艺术博物馆·藏 |

汉代，耕地多为"一犁二牛三人"模式，即一人在前牵绳，一人在后扶犁，一人当中压辕。此图画面中二牛共用一杠。

西夏耕牛图·莫高窟榆林窟第3窟壁画

随着农耕技术的发展，"一犁二牛三人"逐渐演变为"一犁二牛一人"。这种模式在莫高窟壁画中多有呈现。

第二节 牛轭与耕盘

近代牛曲轭
|中国农业博物馆·藏|

糖地画像砖·甘肃嘉峪关新城魏晋壁画墓 6 号墓出土
|甘肃嘉峪关新城魏晋壁画墓博物馆·藏|
|图片出处：徐光冀主编《中国壁画出土全集（甘肃宁夏新疆卷）》|

　　画中一披发少数民族农夫正蹲在耙上耱地，其发辫和衣着样式夸张，突出了其劳动者身份。从羌人"披发覆面""衣裘褐"，可推断此人为羌族。中原农耕文化对游牧民族的影响从此图可见一斑。

　　从此图及其他莫高窟中唐、五代等时期的壁画中，均可见牛脖子上套的曲式肩轭。

211

第七章　小物件，大作用

魏晋时期，曲式肩轭即牛曲轭已得到普遍使用。较之于直肩轭，曲轭的弧形使其与牛肩的接触面积大幅增加，从点式接触变为线式接触，使牛的受力传导更均匀；同时，曲轭结构近似三角形，十分稳定，使牛身受力点更均衡，对牛形成保护。曲轭有以天然曲木弯成的，但大多是由两段木头榫接而成。牛曲轭的发明，使牛耕地更轻松，牛耕推广成为可能。

三

耕盘，最早出现于唐代。唐代陈龟蒙《耒耜经》载："横于辕之前末曰槃，言可转也，左右系以樫乎轭也。"元代《王祯农书》曰："耕槃，驾犁具也，"即耕盘是犁辕前的横木，两端分别与牛轭以耕索相连。

从受力角度，耕盘和牛轭相辅相成。牛轭为三角形结构，自身比较稳定，还可以把轭顶接收到的力均匀地传递到耕盘的横木两头，再通过中间的绳套（即耕索）把力传导到耕盘上。牛轭、耕索与耕盘合称"牛套"，是牛和农具之间的动力传动装置。

近代牛轭、耕盘与耕索
|中国农业博物馆·藏|

第二节 牛轭与耕盘

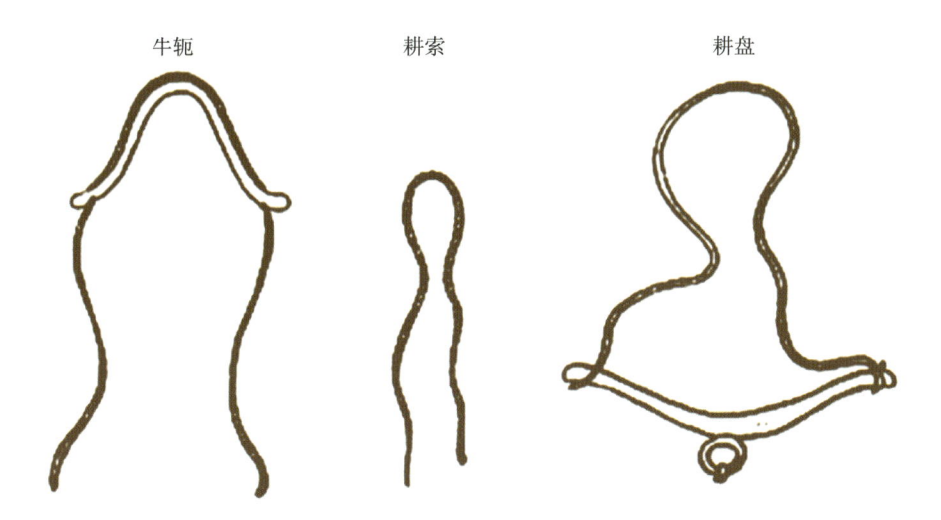

牛轭　　　　耕索　　　　　耕盘

牛轭、耕索与耕盘·元代《王祯农书》

　　这套装备不但使牵引力的传导更加合理,也增强了对耕牛的保护,而且使耕犁自身得以简化。在牛轭、耕索与耕盘的辅助下,曲辕犁的部件由唐代的十一个减少到宋代的六个,功效再次得到提高。如今,中国仍在使用牛耕的地方,也还在使用牛轭、耕索和耕盘。

　　此外,古人就地取材,用竹子、麻绳或布条编织成半球体的网笼,在绿植较多的田地耕种时,将网笼套在牛嘴上,避免其耕作时贪嘴吃庄稼。网笼是另一种耕牛辅助工具——牛笼嘴。而这种工具的衍生品,在现今宠物猫狗嘴上,也常可见到。

213

参考文献

[1] 周昕. 中国农具通史 [M]. 山东：山东科学技术出版社，2010.

[2] 周昕. 中国农具发展史 [M]. 山东：山东科学技术版社，2005.

[3] 周昕. 中国农具史纲及图谱 [M]. 北京：中国建材工业出版社，1998.

[4] 游修龄. 中国农业通史：原始社会卷 [M]. 北京：中国农业出版社，2008.

[5] 陈文华. 中国农业通史：夏商西周春秋卷 [M]. 北京：中国农业出版社，2007.

[6] 张波，樊志明. 中国农业通史：战国秦汉卷 [M]. 北京：中国农业出版社，2007.

[7] 曾雄生. 中国农业通史：宋辽夏金元卷 [M]. 北京：中国农业出版社，2014.

[8] 闵宗殿. 中国农业通史：明清卷 [M]. 北京：中国农业出版社，2016.

[9] 胡泽学. 中国传统农具 [M]. 北京：中国时代经济出版社，2010.

[10] 胡泽学. 中国犁文化 [M]. 北京：学苑出版社，2006.

[11] 张力军，胡泽学. 图说中国传统农具 [M]. 北京：学苑出版社，2009.

[12] 肖克之. 中国农业博物馆馆藏中国传统农具 [M]. 北京：中国农业出版社，2002.

[13] 梁家勉. 中国农业科学技术史稿 [M]. 北京：中国农业出版社，1989.

[14] 王红谊. 中国古代耕织图 [M]. 北京：红旗出版社，2009.

[15] 山东省博物馆，山东省文物考古研究所. 山东汉画像石选集 [M]. 济南：齐鲁书社，1982.

[16] 徐光冀. 中国出土壁画全集（10卷）[M]. 北京：科学出版社，2011.

[17] 中国画像石全集编辑委员会. 中国画像石全集（8卷）[M]. 成都：四川美术出版社，2006.

[18] 敦煌研究院. 敦煌石窟全集（26卷）[M]. 上海：上海人民出版社，2001.

[19] 柴泽俊. 山西寺观壁画 [M]. 北京：文物出版社，1997.

[20] 柴泽俊. 山西佛寺壁画 [M]. 北京：文物出版社，2006.

[21] 中国农业博物馆. 汉代农业画像砖石 [M]. 北京：中国农业出版社，1996.

[22] 壁画艺术博物馆. 山西古代壁画珍品典藏（8卷）[M]. 太原：山西经济出版社，2016.

[23] 沈镇昭，隋斌. 中华农耕文化[M]. 北京：中国农业出版社，2012.

[24] 中国农业博物馆农史研究室. 中国古代农业科技史图说[M]. 北京：农业出版社，1989.

[25] 王潮生. 中国古代耕织图[M]. 北京：中国农业出版社，1995.

[26] 雷于新，肖克之. 馆藏中国传统农具[M]. 北京：中国农业出版社，2002.

[27] 冯其庸，刘辉. 汉画解读[M]. 北京：文化艺术出版社，2006.

[28] 史晓雷. 大众机械技术史[M]. 济南：山东科学技术出版社，2015.

[29] 李约瑟. 中国科学技术史·机械工程[M]. 北京：科学出版社，1999.

[30] 国家计量总局，中国历史博物馆，故宫博物院. 中国古代度量衡图集[M]. 北京：文物出版社，1984.

[31] 闫兴潘. 汉字中的农具[M]. 北京：人民出版社，2018.

[32] 诗经[M]. 王秀梅，译注. 北京：中华书局，2015.

[33] 李梦生. 左传译注[M]. 上海：上海古籍出版社，1998.

[34] 黎凤翔. 管子校注[M]. 梁连华，整理. 北京：中华书局，2004.

[35] 司马迁. 史记[M]. 北京：中华书局，1959.

[36] 石汉声. 氾胜之书今释[M]. 北京：科学出版社，1956.

[37] 董楚平. 楚辞译注[M]. 上海：上海古籍出版社，1986.

[38] 班固. 汉书[M]. 北京：中华书局，1964.

[39] 许慎. 说文解字[M]. 北京：中华书局，1963.

[40] 贾思勰. 齐民要术[M]. 缪启愉，校释. 北京：中国农业出版社，1998.

[41] 郦道元. 水经注校证[M]. 陈桥驿，校证. 北京：中华书局，2007.

[42] 范晔. 后汉书[M]. 李贤，等，注. 北京：中华书局，1965..

[43] 张传官. 急就篇校理[M]. 北京：中华书局，2017.

[44] 刘熙. 释名[M]. 北京：中华书局，2016.

[45] 崔寔. 四民月令校注[M]. 石声汉，校注. 北京：中华书局，1965.

[46] 陈寿. 三国志[M]. 陈乃安，校点. 北京：中华书局，1964.

[47] 常璩. 华阳国志[M].《钦定四库全书》本.

[48] 刘义庆. 世说新语译注[M]. 张万起，刘尚慈，译注. 北京：中华书局，1998.

215

参考文献

［49］孟元老. 东京梦华录［M］. 邓之诚, 注. 北京: 中华书局, 1982.

［50］梅尧臣. 宛陵先生集［M］. 四部丛刊本.

［51］苏轼. 苏轼文集［M］. 孔凡礼, 校注. 北京: 中华书局, 1986.

［52］王祯. 农书［M］. 王毓瑚, 校注. 北京: 中国农业出版社, 1981.

［53］王祯. 东鲁王氏农书译注［M］. 缪启愉, 缪桂龙, 译注. 上海: 上海古籍出版社, 2008.

［54］邝璠. 便民图纂［M］. 石声汉, 康成懿, 校注. 北京: 中华书局, 2021.

［55］王安石全集［M］. 上海: 上海古籍出版社, 1999.

［56］范仲淹全集［M］. 南京: 凤凰出版社, 2004.

［57］司农司. 农桑辑要录［M］.《钦定四库全书》本.

［58］徐光启. 农政全书校注［M］. 罗文华, 陈焕良, 校注. 长沙: 岳麓书社, 2002.

［59］宋应星. 天工开物［M］. 潘吉星, 译注. 上海: 上海古籍出版社, 2008.

［60］陈士珂辑. 孔子家语疏证［M］. 崔涛, 点校. 南京: 凤凰出版社, 2017.

［61］梁启雄. 韩子浅解［M］. 北京: 中华书局, 2009.

［62］黎翔凤. 管子校注［M］. 梁运华, 整理. 北京: 中华书局, 2004.

［63］礼记［M］. 杨天宇, 译注. 上海: 上海古籍出版社, 2004.

［64］周礼［M］. 杨天宇, 译注. 上海: 上海古籍出版社, 2004.

［65］墨子［M］. 吴毓江, 撰, 孙启治, 点校. 北京: 中华书局, 2006.

［66］许维通. 吕氏春秋集释［M］. 北京: 中华书局, 2009.

［67］孟子［M］. 杨伯峻, 译注. 北京: 中华书局, 2010.

［68］诗经［M］. 程俊英, 译注. 上海: 上海古籍出版社, 2014.

［69］山西农学编辑会. 山西农学农具图说（第十一本）［M］. 民国九年铅印本（1920）.

［70］丁晓愉. 中国古俑白描［M］. 北京: 北京工艺美术出版社, 1991.

［71］江西省文物考古研究所, 瑞昌博物馆. 铜岭古铜矿遗址发现与研究［M］. 南昌: 江西科学技术出版社, 1997.

［72］张宝玺. 嘉峪关酒泉魏晋十六国墓壁画［M］. 兰州: 甘肃人民美术出版社, 2001.

［73］浙江省文物考古研究所. 河姆渡——新石器时代遗址考古发掘报告（上, 下册）［M］. 北京: 文物出版社 2003.

［74］中国社科院考古所, 河北省文管处. 满城汉墓发掘报告［M］. 北京: 文物出版社 1980.

［75］刘仙洲. 中国古代农业机械发明史［M］. 北京: 科学出版社, 1963.

[76]陈文华. 试论我国传统农业工具的历史地位[J]. 农业考古, 1984（01）：30-39.

[77]陈文华. 试论我国农具史上的几个问题[J]. 考古学报, 1984（04）：407-426.

[78]陈文华. 从出土文物看汉代农业生产技术[J]. 文物, 1985（08）：41-48.

[79]宋兆麟. 我国的原始农具[J]. 农业考古, 1986（01）：122-136.

[80]彭适凡等. 江西新干商墓出土一批青铜生产工具[J]. 农业考古, 1991（1）：297-301.

[81]江西省文物工作队，九江市博物馆. 江西九江神墩遗址发掘简报[J]. 江汉考古, 1987（4）：12-31，98.

[82]江西省文物考古研究所，江西省新干县博物馆. 江西新干大洋洲商墓发掘简报[J]. 文物, 1991（10）：1-26，97-103.

[83]詹开逊, 刘林. 谈新干商墓出土的青铜农具[J]. 文物, 1993（07）：18，27-32.

[84]杜耀西. 珞巴族农业生产概况[J]. 农业考古, 1982（02）：144-151.

[85]范楚玉. 试论我国原始农业的发展阶段—兼谈犁耕和牛耕[J]. 农业考古, 1983（02）：145-150.

[86]高至喜. 湖南商周农业考古概述——兼论有关古代农业的几个问题[J]. 农业考古, 1985（02）：116-125.

[87]陈煜文. 耒耜类农具的命名及相关问题探究[J]. 农业考古, 2014（02）：144-146.

[88]赵晓明, 王玉庆. 耒耜源考（一）[J]. 山西农业大学学报, 1999（01）：82-84.

[89]赵晓明, 田丽, 王玉庆. 耒耜源考（二）[J]. 山西农业大学学报, 1999（04）：287-290.

[90]李京华. 河南古代铁农具[J]. 农业考古, 1984（02）：83-89.

[91]曹幸穗. 解放前苏南地区的农田耕作与农具[J]. 古今农业, 1992（02）：11-16.

[92]常丽华, 王乃迪. 唐诗中的农事活动[J]. 农业考古, 1995（03）：253-262.

[93]闵宗殿. 两汉农具及其在中国农具史上的地位[J]. 中国农史, 1996（02）：29-33.

[94]李根蟠, 卢勋. 刀耕农业与锄耕农业并存的两盟佤族农业[J]. 农业考古, 1985（01）：358-370.

[95]王星光. 中国古代农具与土壤耕作技术的发展[J]. 郑州大学学报, 1994（04）：8-11.

[96]王宝卿. 铁农具的产生、发展及其影响分析[J]. 南京农业大学学报, 2004（09）：83-86+93.

参考文献

［97］广西壮族自治区文物工作队. 广西贵县罗泊湾一号墓发掘简报［J］. 文物, 1978（09）: 25-34, 54, 35-42, 81-84.

［98］黄渭金. 浅析河姆渡遗址的原始农业生产［J］. 农业考古, 1996（03）: 64-70.

［99］王文涛. 汉代的铁锸及其使用状况［J］. 北大史学, 1994（02）: 45-62, 259-260.

［100］钱小康. 犁［J］. 农业考古, 2002（01）: 170-181.

［101］严汝娴. 藏族的脚犁及其铸造［J］. 农业考古, 1981（07）: 88-91.

［102］杨际平. 试论秦汉铁农具的推广程度［J］. 中国社会经济史研究, 2001（06）: 69-77.

［103］钱小康. 犁（续）［J］. 农业考古, 2002（03）: 183-206.

［104］胡泽学. 浅析中国传统犁耕技术的传播路径［J］. 古今农业, 2007（01）: 54-62.

［105］胡泽学. 试论中国犁耕技术进步的推动力［J］. 古今农业, 2006（04）: 42-51.

［106］胡泽学. 山西传统耕犁的特点及其成因分析［J］. 古今农业, 2011（01）: 73-80.

［107］周昕. 石器时代的非石质农具［J］. 古今农业, 2001（03）: 5-14.

［108］王思明. 制度创新与农业发展［J］. 古今农业, 2004（01）: 6-11.

［109］杨晰智. 山东汉画像石中的农具研究［D］. 哈尔滨: 哈尔滨师范大学, 2016.

［110］杨晰智. 武梁祠汉画像石"神农执耒图"研究［J］. 农业考古, 2014（03）: 146-149.

［111］刘兴林. 汉代铁犁安装和使用中的相关问题［J］. 考古与文物, 2010（04）: 59-62.

［112］李三谋, 任建煌. 古代壁画中的三晋耧犁［J］. 当代农机. 2010（12）: 56-57.

［113］王鹏飞. 山西壁画中的传统农具（宋—清）硕士学位论文［D］. 哈尔滨: 哈尔滨师范大学, 2016.

［114］陶东冬. 古代的播种机——耧车［J］. 农村·农业·农民, 2014（05）: 59-60.

［115］陕西省博物馆, 文管会. 唐李寿墓发掘简报［R］. 文物, 1974（09）: 71-88, 61, 96, 99.

［116］陕西省博物馆, 文管会写作小组. 米脂东汉画象石墓发掘简报［J］. 文物, 1972（03）: 69-73.

［117］史晓雷. 对山西屯留宋村金代墓葬壁画所绘农具的分析［J］. 文物世界, 2011（01）: 7-9, 6.

［118］魏巍. 汉代四川农商发展探析——以市肆, 农事画像砖为例［J］. 农业考古, 2019（01）: 62-67.

[119] 李昆声. 晋宁石寨山青铜器图像《播种图》补释[J]. 文物, 1980（12）: 70.

[120] 郑邵宗. 金代的瓠种[J]. 农业考古, 1983（07）: 196-198.

[121] 王颋, 王为华. 桐马禾云——宋、元、明农具秧马考[J]. 中国农史, 2009（01）: 7-15.

[122] 尹美禄.《秧马歌》碑及秧马的流传[J]. 农业考古, 1987（01）: 174-178, 428.

[123] 王晓莉. 秧马用途之我见[J]. 中国农史, 1991（03）: 69-70.

[124] 章楷. 关于秧马[J]. 农业考古, 1984（01）: 207.

[125] 王若昭. 我国古代的插秧工具——秧马[J]. 农业考古, 1981（02）: 92-94, 133.

[126] 陈胜前, 杨宽, 董哲, 等. 内蒙古喀喇沁大山前遗址出土石锄的功能研究[J]. 人类学学报, 2014（04）: 522-533.

[127] 蒋英炬. 略论山东汉画像石的农耕图像[J]. 农业考古, 1981（02）: 42-49.

[128] 嘉祥县武氏祠文管所. 山东嘉祥宋山发现汉画像石[J]. 文物, 1979（09）: 1-6.

[129] 朱锡禄. 山东嘉祥宋山1980年出土的汉画像石[J]. 文物, 1982（05）: 60-70.

[130] 鲁雪艳. 从考古资料看两汉时期西南地区的农业发展[J]. 文物鉴定与鉴赏, 2021（10）: 38-41.

[131] 李云鹏. 浙江诸暨桔槔井灌工程遗产及其价值研究[J]. 中国水利水电科学研究院学报, 2016, 14（06）: 437-442.

[132] 吴天颖. 中国井盐开发史二三事——《中国科学技术史》补正[J]. 历史研究, 1986（05）: 123-138.

[133] 白广美. 中国古代盐井考[J]. 自然科学史研究, 1985（02）: 172-185.

[134] 史晓雷. 我国单曲柄辘轳普遍应用的年代考[J]. 农业考古, 2010（04）: 164-168, 184.

[135] 史晓雷. 我国至晚在金代初年已经出现砖车[J]. 中国科技史杂志, 2011（02）: 343-346.

[136] 朱晓芳. 山西长治市故漳村宋代砖雕墓[J]. 考古, 2006（09）: 31-39, 99, 102-103.

[137] 长治市博物馆. 山西长子县小关村金代纪年壁画墓[J]. 文物, 2008（10）: 60-69.

[138] 张德光. 山西绛县裴家堡古墓清理简报[J]. 考古通讯, 1955（04）: 58-60, 18-21.

[139] 方立松. 中国传统水车研究[D]. 南京: 南京农业大学, 2010.

参考文献

[140] 邓明. 兰州水车文化 [J]. 发展, 2013 (02): 48-49.

[141] 蒋廷瑜. 广西古代对筒车的使用与推广 [J]. 农业考古, 1998 (01): 326-327, 403.

[142] 吉成名. 龙崇拜起源新论 [J]. 民俗研究, 2000 (01): 69-83.

[143] 姜洪源. 中国精品档案解析之四 水车档案——述说黄河水车的历史 [J]. 山西档案, 2007 (03): 10-12.

[144] 李发林. 翻车和筒车浅谈 [J]. 文史哲, 1986 (03): 74-76.

[145] 王利华. 连筒与筒车 [J]. 农业考古, 1997 (01): 136-141, 152.

[146] 姚伟钧. 水利灌溉对中国古代社会发展的影响——兼析魏特夫"治水——专制主义"理论 [J]. 华中师范大学学报, 1996 (01): 69-74.

[147] 易颖琦, 陆敬严. 中国古代立轴式大风车的考证与复原 [J]. 农业考古, 1992 (03): 157-162, 321.

[148] 林景媛. 黄河文化与人文景观的再现—兰州水车公园总体规划 [J]. 甘肃工业大学学报, 1998 (01): 104-106.

[149] 闵宗殿. 水力在中国古代农业上的应用 [J]. 古今农业, 1992 (04): 7-14.

[150] 王冬松. 被误读的机械图像——宋画《柳阴云碓图》的命名与内容研究 [J]. 装饰, 2016 (01): 84-86.

[151] 陈振中. 青铜农具铚艾 [J]. 古今农业, 1990 (01): 8-19.

[152] 杨涛. 先秦青铜镈研究 [J]. 武汉音乐学院学报, 1993 (10): 19-26.

[153] 龚世扬. 农具铚的考古发现与再研究 [J]. 四川文物, 2017 (04): 24-29.

[154] 陈振中. 殷周的铚艾——兼论殷周大量使用青铜农具 [J]. 农业考古, 1981 (01): 47-58.

[155] 云翔. 齿刃铜镰初论 [J]. 考古, 1985 (03): 257-266.

[156] 王吉怀. 试论新石器时代的镰和刀 [J]. 农业考古, 1988 (02): 180-188.

[157] 冷东. 中国农业技术在西方的传播 [J]. 历史教学, 1999 (11): 20-24.

[158] 张明山, 张雪. 中原传统麦作联合收割农器设计研究——以麦钐、麦绰和麦笼为例 [J]. 装饰, 2020 (11): 107-111.

[159] 徐云峰. 试论商王朝的谷物征收 [J]. 中国农史, 1984 (04): 9-17.

[160] 肖亢达. 河西壁画墓中所见的农业生产概况 [J]. 农业考古, 19850 (02): 130-137.

[161] 王进玉. 敦煌壁画中农作图实地调查 [J]. 农业考古, 1985（02）：138-149, 420.

[162] 王进玉. 敦煌莫高窟四五四窟中发现三脚耧播种图 [J]. 农业考古, 1986（01）：117-121.

[163] 周靖. "一夜连枷响到明"——打连枷的力学 [J]. 力学与实践, 2012（06）：91-95.

[164] 施咏. 江汉打麦——《喂咚喂》音乐分析——中国民歌音乐分析之十 [J]. 音乐生活, 2018（8）：53-56.

[165] 刘文刚. 繁荣美奂的宋代田园诗 [J]. 四川大学学报哲学社会科学版, 2001（02）：85-91.

[166] 张慧华. 汉至南北朝踏碓的考古学研究 [D]. 南京：南京大学, 2018.

[167] 付娟. 汉代明器连机水碓考辨 [J]. 古今农业, 2015（04）：22-30.

[168] 史晓雷. 繁峙岩山寺壁画《水碓磨坊图》机械原理再探 [J]. 科学技术哲学研究, 2010（6）：73-77.

[169] 高策, 徐岩红. 繁峙岩山寺壁画〈水碓磨坊图〉及其机械原理初探 [J]. 科学技术与辩证法, 2007（3）：97-100, 109, 112.

[170] 殷志华. 古代碓演变考 [J]. 农业考古, 2020（1）：104-109.

[171] 田醒农, 雒忠如. 秦都栎阳遗址初步勘探记 [J]. 文物, 1966（01）：10-18.

[172] 宋兆麟. 史前食物的加工技术——论磨具与杵臼的起源 [J]. 农业考古, 1997（03）：187-195.

[173] 李发林. 古代旋转磨试探 [J]. 农业考古, 1986（02）：146-167.

[174] 耿青岩, 蔡学文. 河南淇县发现西汉石磨 [J]. 考古, 1983（10）：949.

[175] 张正涛. 汉晋时期的粮食加工机械 [J]. 中国历史博物馆馆刊, 1989（01）：48-54.

[176] 胡志祥. 先秦主食文化要论 [J]. 复旦学报, 1990（03）：88-94.

[177] 顾和平. 中国古代大豆的加工和食用 [J]. 中国农史, 1992（01）：84-86.

[178] 胡晓建. 中国传统粮食加工工具的沿革及特点 [J]. 中国历史博物馆馆刊, 1994（01）：10-15.

[179] 贾德民. 山东安丘发现汉代石磨 [J]. 考古, 1999（11）：1002.

[180] 柴波. 秦汉饮食文化 [D]. 西安：西北大学, 2001.

[181] 赵梦薇. 战国秦汉旋转石磨的考古学研究 [D]. 南京：南京大学, 2016.

[182] 惠富平. 汉代麦作推广因素探——以东海郡与关中地区为例 [J]. 南京农业大学学报，2001（01）：63-66.

参考文献

[183] 傅文彬, 赵志军. 中国转磨起源与传播诸问题初探[J]. 中国农史, 2022（01）: 3-15.

[184] 刘磐修. 两汉魏晋南北朝时期的大豆生产和地域分布[J]. 中国农史, 2000（01）: 9-14.

[185] 彭卫. 关于小麦在汉代推广的再探讨[J]. 中国经济史研究, 2010（04）: 63-71.

[186] 史晓雷. 从古代绘画看我国的水磨技术[J]. 中国国家博物馆馆刊, 2011（06）: 47-56.

[187] 李彩霞. 济源西窑头村M10出土陶塑器物赏析[J]. 中原文物, 2010（04）: 101-104, 113-114, 117, 119.

[188] 朱晓芳. 山西长治市故漳村宋代砖雕墓[J]. 考古, 2006（09）: 31-39, 99, 102-103.

[189] 张德光. 山西绛县裴家堡古墓清理简报[J]. 考古通讯, 1955（04）: 58-60, 18-21.

[190] 杨陌公, 解希恭. 山西平陆枣园村壁画汉墓[J]. 考古, 1959（09）: 462-463, 468, 505.

[191] 王泽庆. 山西新绛县东岳稷益庙壁画[J]. 文物, 1979（10）: 82-83, 98.

[192] 赵晓娇. 谷物清选工具—风扇车[J]. 农村·农业·农民（A版）, 2014（03）: 60-61.

[193] 张鹜忠. 中国风扇车小考[J]. 农业考古, 1988（02）: 170-174.

[194] 黄兴, 潜伟. 中国古代扇车类型考察与性能研究[J]. 中国农史, 2013（02）: 24-37.

[195] 史晓雷. 风扇车的年代疑案[J]. 百科知识, 2012（15）: 30-31.

[196] 史晓雷.《王祯农书》中的"飏扇"新解[J]. 中国农史, 2011, 30（03）: 30-37.

[197] 史晓雷. 山西稷山县稷王庙献殿农事木雕图初探[J]. 文物春秋, 2012（06）: 17-21, 2.

[198] 朱晓芳, 王先进. 山西长治故县村宋代壁画墓[J]. 文物, 2005（04）: 75-85.

[199] 王鹏飞, 史晓雷. 香港文化博物馆藏汉代绿釉舂米坊模型分析: 文物鉴定与欣赏[J]. 2016（01）: 72-73.

[200] 张亮. 岭南传统农具探析[D]. 广州: 华南农业大学, 2019.

[201] 罗丽. 中国古代农事诗研究[D]. 咸阳: 西北农林科技大学, 2002.

[202] 邱隆. 中国历代度量衡单位量值表及说明[J]. 中国计量, 2006（10）: 46-48, 76.